AF751930

Les défis du carbone vert

Collection « Développement durable »

Dernières parutions

Léa SZYDLOWSKI, *Le végétal dans l'industrie chimique. Stratégies et développement*, 2017.
Claude ROY, *Les « triples A » de la bio-économie. Efficacité, sobriété et diversité de la croissance verte*, 2012.
Jean-Pierre PIÉCHAUD, *Penser la métropole parisienne. Plaidoyer pour un projet citoyen, égalitaire et postcarbone*, 2010.

Claude Roy

LES DÉFIS DU CARBONE VERT

Avant-propos de Valérie Lechiffre

L'Harmattan

Du même auteur

– 2017/L'Harmattan/Collection Développement Durable

Les « triples A » de la bioéconomie

– 2017/L'Harmattan/Collection Développement Durable

Le végétal dans l'industrie chimique *(en corédaction avec Mlle Léa Szydlowski)*

– 2019/Éditions France Agricole

La Bioéconomie

© L'Harmattan, 2025

5-7, rue de l'École-Polytechnique ; 75005 Paris

http://www.editions-harmattan.fr

ISBN : 978-2-336-51484-0

EAN : 9782336514840

Avant-propos

Élargir la focale !

La vie professionnelle est riche de discussions et de réunions qui conduisent, de temps à autre, à une affinité d'approches, une communauté de pensées, une ambition partagée. Il en va ainsi de notre rencontre avec Claude Roy. Dans ses jeunes années, Claude a travaillé sur des projets papetiers, pour le cabinet finlandais Jaakko Pöyry. Devenue Pöyry, puis, aujourd'hui, Afry, cette entreprise est restée incontournable dans le domaine de l'ingénierie des usines papetières de par le monde. Par la suite, Claude Roy a été notamment directeur exécutif de l'Ademe et a fondé, en 2012, le Club des bioéconomistes. C'est dans ce cadre que, quelques années plus tard, nos routes se sont croisées.

Son parcours professionnel, riche et diversifié, témoigne de l'étendue de son savoir, de sa vision panoramique des enjeux, de son insatiable curiosité, mais aussi de ses engagements et de la force de ses convictions quant aux atouts de la bioéconomie.

C'est donc tout naturellement qu'est née, au début de 2019, l'idée de consacrer une chronique à cette thématique bioéconomique dans notre magazine professionnel, *La*

Papeterie (ENP Publishing Group), dédiée à l'industrie papetière, c'est-à-dire à la production des pâtes, papiers & cartons et à leur écosystème *(fournisseurs, centres de R&D et de formation, institutionnels...).* Solidement argumentées et documentées, les quelque 30 tribunes de Claude ainsi publiées ont notamment permis de rappeler combien l'industrie papetière et ses produits s'inscrivent pleinement dans la logique de la bioéconomie.

Ces tribunes, qui structurent le livre qui suit, ont également fourni à nos lecteurs des outils de compréhension sur des thématiques transversales, qui s'imposent de plus en plus dans les débats d'actualité *(le biosourcé, le rôle de la forêt et de la biomasse, la méthanisation, le bilan carbone, la neutralité carbone...).* Elles ont aussi permis de replacer ces enjeux dans la perspective de la transition énergétique, du développement durable et notamment d'une gestion des forêts productive et raisonnée. On apprend ainsi que 4 tonnes de CO_2 sont absorbées chaque seconde par les forêts françaises, ce qui permet de compenser le quart des émissions tricolores de gaz à effet de serre (GES). Ces tribunes ont également souligné les multiples atouts de la cellulose pour produire de nombreux matériaux, dont les papiers & cartons, lesquels sont par ailleurs largement recyclés de longue date. En somme, par ces contributions, Claude Roy a permis à nos lecteurs « d'élargir la focale », de s'extraire de leur quotidien d'industriels et d'envisager leurs actions, le rôle de leurs usines et les fonctionnalités de leurs produits dans un cadre beaucoup plus vaste.

En novembre 2023, lors de sa traditionnelle conférence de fin d'année, la **Copacel** (Union française des industries des cartons, papiers et celluloses) a ainsi mis à l'honneur la thématique de la bioéconomie en donnant notamment la parole à Claude Roy qui a décliné les principes et les atouts de l'économie biosourcée. Ce fut l'occasion d'apprécier, comme dans ce livre, sa capacité à envisager les sujets sous des angles variés, la solidité de ses arguments ainsi que ses talents pour délivrer des messages simples et percutants sur ces sujets complexes.

Valérie Lechiffre

Rédactrice en chef

Magazine *La Papeterie*

ENP Publishing Group

valerie.lechiffre@groupenp.com

Préface

Les temps changent

Les temps changent, et nous devons bien les affronter... 9 ou 10 milliards d'habitants connaitront en effet, vers le milieu de ce siècle, un environnement planétaire profondément différent de celui dont nous avons hérité depuis plus de cent ans. Les bouleversements du climat, la fin annoncée de certaines ressources naturelles vitales, comme le pétrole, ou leur raréfaction pour d'autres, comme l'eau, viendront défier une population mondiale à peine réveillée d'une confortable anesthésie. Nul doute que ce sera notre cas !

La démographie planétaire sera vieillissante, mais dense et développée, de plus en plus urbanisée, concentrée en Asie, en Afrique et en Amérique latine. Et les peuples seront devenus exigeants, bien sûr, peu flexibles et de moins en moins tolérants face à l'idée de rareté et de sobriété. Les gouvernements ne seront d'ailleurs guère plus tolérants, tant l'appel à l'effort et au « bon sens » n'est jamais populaire !

À cet horizon de temps finalement si proche, que nous restera-t-il, notamment, de cette abondance pétrolière et gazière qui fut et reste encore le vrai moteur de notre civilisation de l'instantané ? Sommes-nous conscients, vraiment, de ce sevrage programmé ? Pouvons-nous imaginer que notre monde est vraiment fini, avec les débats sur la transition énergétique, avec les prix des carburants, avec les réseaux sociaux et avec les crises ?

Tout nous invite cependant, dès à présent, à trouver et à mettre en œuvre des solutions sobres, mais productives, de développement. Sobres et productives en effet car l'humanité grandit dans un environnement de plus en plus contraint. Et des solutions intelligentes aussi, prévoyantes, innovantes et soutenables en quelque sorte pour une seule planète et pour des hommes si nombreux et vieillissants ! Mais qui décidera ?

Singulièrement, une part importante de notre futur industriel, énergétique et « climatique » va dépendre d'une valorisation accrue, intelligente et durable des fruits de la photosynthèse, c'est-à-dire de la biomasse, et donc de l'agriculture, de la forêt et des biodéchets.

La « pompe à carbone » naturelle qu'alimentent l'agriculture et la sylviculture « soutire » en effet du « carbone noir » en excès de l'atmosphère, et le séquestre, tout en générant des produits dérivés du « carbone vert » végétal, variés, renouvelables et sobres, en créant un emploi dans les territoires pour 1 000 tonnes/an de biomasse supplémentaires produites et mobilisées.

On redécouvre ainsi « l'équation vertueuse du carbone vert » après un siècle d'une économie flamboyante, mais « épuisable », fondée sur « le fossile, le fissile et le facile » ! La terre, la forêt et le soleil, moyennant des précautions et des limites, bien sûr, peuvent en effet nous fournir en toute sobriété de l'alimentation d'abord, mais aussi des matériaux et des molécules, ainsi que des énergies « sans... carbone noir ».

Ce retour au « carbone vert » apparait ainsi dès aujourd'hui comme la base crédible d'une véritable stratégie, nouvelle, massive et « sans regrets », porteuse d'une forme de croissance économique plus soutenable, plus équitable, plus riche en emplois, plus proche des territoires, et pour tout dire plus « sympathique » : une vraie stratégie gagnante !

Mais les bioressources de notre planète, bien qu'imposantes et flexibles, ne sont pas illimitées et « ne poussent pas toutes seules », ou alors très mal ! Dès lors, ces enjeux de la « bioéconomie durable » ne sont pas sans contraintes, ni sans obligations. Ils nous imposent notamment de rechercher partout une production efficace, un renouvellement dynamique et une mobilisation performante et équilibrée de toutes les bioressources. Ils impliquent donc en particulier une gestion très productive, et raisonnée, des terres agricoles et des forêts.

Ils mettent décidément les « paysans » et les « forestiers » en première ligne !

Les ressources dont nous aurons besoin pour relever ces défis existent ou peuvent être produites, puis mobilisées, valorisées et renouvelées, en recherchant à l'aval des vraies synergies entre toutes les filières utilisatrices, de l'alimentation aux biocarburants, de la chimie aux bioénergies, des matériaux aux biofertilisants. La bioéconomie porte en effet en elle-même la logique systémique du « bio-raffinage » où rien ne se perd, et où le résidu des uns est la matière première des autres. Et elle garantit finalement la terre et les forêts dans leurs fonctions d'intérêts territorial, social et environnemental.

Oui, la bioéconomie est donc durable, et ce, depuis 10 000 ans !

Durable parce que renouvelable, fondée sur des orientations efficaces à caractère économique, mais qui sont vertueuses pour leur « bilan carbone ». Durable parce qu'elle offre en même temps des garanties pour un véritable bénéfice social, en emplois et en ressources. Durable enfin parce qu'elle est le meilleur gage, finalement, du maintien de vrais équilibres écosystémiques et territoriaux, viables dans le long terme, productifs et reconnus d'utilité commune.

Les « paysans » sont donc bien en première ligne, comme les forestiers, et les magiciens industriels de l'agroalimentaire et des filières du bois et de la fibre.

Ce livre leur est modestement dédié. Le sujet est grave et l'odyssée du « carbone vert » qu'il raconte mérite d'être parcourue dans le bon sens, et avec bon sens.

I.

Les fondamentaux

- Il sera une fois
- Une seule planète…
- Voir loin et voir large !…
- Le « carbone vert » en résumé
- Une économie pas comme les autres
- Savoir-faire et faire savoir
- Territoires, bioressources et emplois

Il sera une fois !

Il était une fois, il y a quatre milliards d'années, la Terre !

Il était une fois, plus de trois milliards d'années plus tard, des marécages végétaux engloutis, gorgés de carbone atmosphérique, comprimés sous les poids géologiques. Toute une vie fossilisée en charbon, en pétrole, en gaz !

Il était une fois, c'était il y a trois millions d'années, le premier humain, fragile, chassant debout dans les savanes !

Il était une fois, et cela dura longtemps, près de cent cinquante mille générations : des millions d'êtres humains vivant de la terre. Des millions d'hommes qui, pour leur survie, leur labeur et leur commerce, n'eurent comme source d'énergie que leurs bras, le vent, l'eau, la forêt, et des animaux friands de fourrage.

Il était une fois, et cela remonte à trois siècles à peine : le progrès ! Machines, moteurs, transports, civilisation plus facile mais aussi plus dépendante. L'homme avait pénétré la caverne d'Ali Baba, puisant sans retenue dans des trésors de combustibles fossiles plus anciens que les dinosaures. Tout, dans cette caverne, semblait inépuisable !

Il était une fois, je m'en souviens, il y a cinquante ans : le village planétaire, la culture du déchet et l'énergie facile ! Toujours plus de cette énergie pour manger, pour produire, pour concevoir le moindre de nos objets, pour se déplacer, pour communiquer. Deux tiers encore de l'humanité dépendent pourtant toujours de la terre, des plantes, du bois et du vent pour survivre et se développer, comme nous-mêmes il y a quelques siècles...

Voilà !

L'inépuisable a un terme et le futur s'annonce. Nous utilisons chaque jour autant d'énergie que nos lointains ancêtres en consommaient en 500 ans ! Quel sera alors le prix à payer pour l'effet de serre, cette « monnaie de la pièce » climatique que nous rend la planète pour avoir, en deux siècles à peine, brûlé et rejeté dans son atmosphère le carbone végétal fossile accumulé sous terre en 100 millions d'années ?

Il sera une fois... demain, en 2050, en 2080, qu'importe ! Nos petits-enfants liront ces lignes à leurs propres enfants. Que penseront-ils alors de nous, les cigales ?

Il sera une fois, 10 milliards d'êtres humains sur notre Terre ! Ce sera un maximum, nous dit-on, avant la décrue démographique annoncée pour le XXIIe siècle ! Mais l'humanité aura vieilli. Et à la même époque, au milieu de ce siècle, un douloureux réveil s'annonce dès aujourd'hui dans un silence assourdissant : l'épuisement fatal des ressources pétrolières, puis celui des réserves gazières avec un léger sursis !

Il sera une fois, notre civilisation privée du presse-bouton énergétique, étourdie devant un retour en arrière fatal de nos modes de vie. Au fait, à qui, à quel usage seront réservées les dernières gouttes d'or noir sous des climats déréglés d'une atmosphère carbonique ?

Il sera une fois, la quête effrénée d'un sursis, ou de solutions de sauvetage, bioénergétiques, biomoléculaires, solaires, éoliennes, et nucléaires, bien sûr. Mais d'abord, incontournablement, ce sera la course à la sobriété, enfin ! Une sobriété subie, imposée, rationnée, intransigeante à force de sentir le danger...

Oui !...

En 2050, ou en 2080, qu'importe, 10 milliards de Terriens, vieillis et majoritairement urbanisés continueront de se presser aux portes du développement. Ils se disputeront l'eau et les derniers puits d'hydrocarbures, tout en conquérant de nouveaux espaces, comme autrefois... La terre, les forêts, seront devenues rares et précieuses face à tous ces besoins primaires, ardents et concurrents des hommes. Il faudra en intensifier sobrement les usages !

Ainsi, peut-être, il sera une fois, nos petits-enfants, redevenus ruraux, « hommes de pays », à la nouvelle mode d'une fin de XXIe siècle annoncée ? Pourquoi pas ? Pourquoi pas, en effet, avec le « carbone vert » comme étendard... ?

Une seule planète !

Toutes les molécules chimiques sont constamment transformées, utilisées, dégradées et reconstituées au cours de trois grands cycles planétaires *(celui du carbone, de l'eau et de l'azote)*. Elles sont stockées dans l'air *(l'atmosphère)*, les océans *(l'hydrosphère)*, les matières vivantes *(la biosphère)*, ainsi que dans les sols et la croûte terrestre *(la lithosphère)*. Toute l'énergie qui a fondé nos civilisations *(à l'exception des énergies d'origine nucléaire, gravitaire et solaire)* a été et reste puisée à la source de ces quatre grands réservoirs, tant pour l'alimentation *(l'énergie de la vie)* que pour les autres activités humaines *(transport, chauffage, industrie...)*. Notre histoire n'est bien souvent qu'une déclinaison de ces « fondamentaux » et de nos époques énergétiques.

Les « époques énergétiques »

	Énergies	**Transports**	**Réseaux**	**Alimentation**	**Textiles**
Moyen Âge	Bois	Animal	Chevaucheurs	Autarcique	Laine, lin
XIXe s.	Charbon	Chemin de fer	Télégraphe	Artisanale	Coton
XXe s.	Pétrole	Voiture	Téléphone	Industrielle	Nylon
XXIe s.	Uranium	Fibre optique	Internet	Différenciée	Élasthanne

Mais alors, après l'ère du pétrole, que fera-t-on ? Aujourd'hui encore, la même question se pose quant au « futur » du pétrole qu'avec le devenir du charbon au début du XXe siècle (*même si le charbon nous offre encore d'imposantes réserves, aussi néfastes soient-elles pour le climat*). Nous disposons, pour l'électricité, d'une solution « réservoir » : c'est le nucléaire ! Quels que puissent être les débats d'actualité, le nucléaire est bien une source d'énergie « sans carbone noir », qui a un potentiel énergétique supérieur à celui du pétrole mais sans en avoir la flexibilité. L'énergie nucléaire autorise une certaine indépendance énergétique, même si, comme les autres sources énergétiques, elle présente des risques. Alors, le nucléaire est-il la solution ? Une solution ? Ou n'est-ce qu'une partie possible d'un ensemble de solutions ?

Notre population planétaire, qui vient de dépasser sept milliards d'habitants, devrait passer à dix milliards vers 2050, pour se stabiliser *(peut-être ?)* vers la fin de siècle, lorsque la transition démographique aura touché tous les peuples de la Terre (*à moins qu'à cette époque, du fait du vieillissement généralisé de la population mondiale, une relance de la natalité planétaire ne s'impose... ?*).

L'énergie primaire que nous consommons est constituée pour 75 % d'énergie fossile ou fissile *(pétrole brut, gaz naturel, charbon, énergie tirée des combustibles nucléaires)* et pour 25 % d'énergies issues directement ou indirectement du rayonnement solaire comme l'hydraulique, l'éolien, l'énergie solaire directe *(photovoltaïque, thermodynamique, thermique)* et la biomasse *(chaleur, biocarburants, électricité...)* mais aussi, indirectement, la chimie hydrocarbonée ! L'énergie de la biomasse, qui représentait *(avec le vent et l'eau des moulins)* 100 % de l'énergie utilisée par l'homme il y a 300 ans, n'en représente plus que 18 % de nos jours au niveau mondial. Pourtant, les « bioénergies », renouvelables et quasiment « sans carbone », sont en pleine renaissance. Elles redeviennent un enjeu central du défi de la transition énergétique et climatique, jusqu'à représenter plus de la moitié des objectifs de développement de toutes les énergies renouvelables en Europe d'ici 2030 et au-delà ! Car il faut dire que ces « bioénergies » sont « stockables » et valorisables sous toutes les formes et pour tous les usages *(chaleur, carburants, gaz, électricité, sans compter la chimie).* Ces « bioénergies de la terre » sont le fruit de la captation photosynthétique de l'énergie solaire, laquelle permet la synthèse des molécules hydrocarbonées de la biomasse *(atomes de C, H, O, N).*

Ayons donc conscience que l'agriculture est la seule activité *(avec la sylviculture)* dont le rendement énergétique global, « de la fourche à la fourchette », soit supérieur à un, c'est-à-dire à 100 % ! Nulle magie en cela, si ce n'est celle de la photosynthèse... Ce rendement a été calculé globalement, au plan mondial, pour toutes les productions végétales terrestres, en rapportant le contenu énergétique primaire de toute la production végétale agricole de la planète *(1,5 Md Tep par an)* à la quantité d'énergie primaire consommée pour la produire *(engrais, travaux agricoles, transports...).* Ce rendement s'établit à 3,8..., c'est-à-dire à 380 % ! La biomasse fournirait ainsi presque quatre fois plus d'énergie que sa production et sa valorisation n'en consomment (*ce même rendement n'est que de 0,8, donc 80 %, pour la production des carburants fossiles*).

L'approche bioéconomique est donc plus que jamais nécessaire pour appréhender le problème fondamental auquel sont confrontées nos générations et celles de nos enfants, à savoir que nous n'avons bien qu'une seule planète à notre disposition. Entre autres défis, cette évidence contient l'enjeu de la « mutation énergétique » qui nous est imposée. Comme les précédentes « révolutions » de l'Histoire, qui n'étaient qu'industrielles aux XIXe et XXe siècles, cette mutation énergétique et stratégique consistera à résoudre la quadrature des éléments fondamentaux que sont le soleil, le vent, l'eau et la terre, plus que jamais sollicités dans leurs fonctions nourricières. Et nous ne devons pas oublier que l'eau n'est certainement pas le moindre des enjeux, ni le moins vital.

Voir loin et voir large !

On se demande souvent quelle société nous préparons pour les générations futures. Quel modèle de vie devront adopter, ou subir, nos enfants pour acquitter la « facture climatique » que nous leur aurons léguée ? Avec neuf ou dix milliards de Terriens attendus, si le « luxe » de pouvoir décemment boire et manger, se chauffer et s'abriter tout en accédant à un minimum de bien-être est enfin partagé par tous et non pas, comme aujourd'hui, interdit à deux milliards d'êtres humains, comment faut-il aborder, d'abord, « l'équation de 2050 » ? Et comment imaginer pouvoir la résoudre en sachant qu'à cette échéance, l'énergie disponible sera rare, et donc chère, comme le seront simultanément l'eau et la nourriture ?

Oui, il faut s'interroger sur ce qu'il convient de faire. Et les « bons conseils » ne manquent pas...

C'est simple, disent certains ! L'histoire humaine a prouvé, jusqu'au XIXe siècle, qu'un modèle de développement sobre, autarcique, rural et peu technologique était viable. Un tel modèle ne se fondait-il pas, d'ailleurs, pour l'essentiel, sur l'utilisation des ressources naturelles renouvelables de la terre, des forêts, de l'eau et du vent ? Il n'y a qu'à s'en inspirer, disent-ils, pour dompter le futur. Mais ceux-ci oublient trop vite que, jusqu'au XIXe siècle, la planète n'a jamais compté plus d'un milliard d'habitants, soit dix fois moins que ce que nous réserve l'avenir. Le modèle de vie « bucolique » que ces « conseilleurs » invoquent, avec *« à chacun son lopin et sa cabane* » comme horizon, est donc une parfaite illusion pour dix milliards de Terriens qui ont déjà presque tout oublié des « fondamentaux de la terre ».

Qu'à cela ne tienne, diront d'autres ! L'histoire humaine a montré que la science, la technologie et les découvertes sont toujours venues à bout de tous les défis. Soyons confiants... Mais ceux-là oublient bien vite que tous ces fameux « progrès » qui ont permis, dans le passé, d'augmenter sans cesse le niveau et le « rendement » technologiques de notre civilisation, n'ont été possibles que grâce à « *toujours plus d'énergie consommée* », et grâce à l'abondance d'hydrocarbures fossiles bon marché. Chaque étape de croissance et de progrès fut ainsi de plus en plus énergivore ! Or, l'énergie sera désormais rare et chère.

Non, décidément, les vraies solutions à notre équation du futur ont toutes les chances d'exiger plutôt, et à la fois, de la sobriété, de l'intelligence dans nos organisations, de l'innovation verte et, bien sûr, de la bioéconomie...

Il faut les analyser en profondeur et en largeur, en sachant tirer les enseignements du passé. La réponse bioéconomique née du « carbone vert » de la terre et des forêts – tout comme celle des océans – est ainsi particulièrement ubiquiste. Elle constitue un point de passage obligé et majeur du cycle du carbone planétaire, et donc de l'enjeu climatique.

Depuis l'aube de l'humanité, nos ancêtres en ont tiré parti pour survivre en faisant de la bioéconomie sans le savoir. Ce sont les multiples usages alimentaires et non alimentaires des productions de l'agriculture, de la pêche, de l'aquaculture et de la sylviculture qui sont en jeu, avec, en outre, la réutilisation agronomique fertilisante des déchets organiques et des cendres végétales. Tout ce capital de savoirs et d'expériences est fondamental. Il a été accumulé au cours des siècles. Grâce à lui, l'homme a acquis le contrôle de la terre et de ses productions, c'est-à-dire la maîtrise de sa propre survie sous chaque climat et dans chaque territoire. Cette « science du bon sens » reste encore, aujourd'hui, l'apanage des paysans, des forestiers, des agronomes et des « industriels du vivant », autant de professionnels en « or massif », qui sont à protéger en priorité.

À protéger, en effet, car ils sont de moins en moins nombreux et de moins en moins bien compris par le grand public !

Le « carbone vert » en résumé

L'économie biosourcée, appelée aussi bioéconomie ou économie du « carbone vert », se définit comme la mobilisation et la transformation de produits naturels issus de la photosynthèse. Elle permet de remplacer sobrement l'utilisation de ressources et d'énergies épuisables d'origine fossile par des ressources renouvelables issues de l'agriculture et de la sylviculture grâce à de multiples applications innovantes.

En France, outre les secteurs traditionnels de l'agroalimentaire *(chiffre d'affaires de 170 Md€/an et 520 000 emplois directs)* et ceux de la filière forêt-bois-fibres *(chiffre d'affaires de 40 Md€/an et 250 000 emplois directs)*, de nouvelles branches de la bioéconomie se sont développées depuis 30 ans : *néo-matériaux, chimie du végétal, biocarburants, biocombustibles et biofertilisants.*

C'est une économie pas vraiment comme les autres qui est née !... Avec plus de 7 % de parts de marché dans l'énergie, les matériaux et la chimie.

Toutes ces « productions biosourcées », renouvelables, sobres, innovantes et créatrices d'emplois répondent durablement à beaucoup de nos besoins. Elles contribuent aussi à amortir les défis énergétiques et climatiques car la bioéconomie est une source sans égale d'absorption et de stockage du CO_2 atmosphérique via la photosynthèse *(on parle de « pompe à carbone »).* Ces filières du « carbone vert » représentent donc aujourd'hui 7 % au moins des approvisionnements de toute l'économie française en énergie, en matériaux et en bases chimiques. 100 000 emplois directs y ont été créés en 20 ans, soit 5 000 emplois par an, et autant d'emplois supplémentaires sont encore attendus grâce au doublement prévu de la part biosourcée de l'économie de notre pays dans les 20 ans à venir.

Ces objectifs sont ambitieux, et justifient, en France, une nouvelle feuille de route pour prendre le relais des politiques qui furent engagées dès les années 2 000 *(plans biocarburants, biocombustibles, chimie du végétal, bois de construction...).* Ainsi, la prise en compte des « externalités socio-économiques » positives de la bioéconomie *(carbone, emploi, balance commerciale...)*, assortie d'un effort durable d'éducation, d'information, de communication et de recherche économique seront incontournables pour développer encore ces « industries du vivant » innovantes.

Une économie pas comme les autres

De la photosynthèse à l'industrie et aux marchés, la bioéconomie est la valorisation renouvelable des fruits de la terre et du soleil en aliments, matériaux, bases chimiques, fertilisants organiques et bioénergies variées. C'est aussi un choix de développement « sans regrets », riche en valeurs et en externalités positives.

Les biofilières représentent aujourd'hui plus de 7 % des approvisionnements de toute l'économie française pour l'énergie, les matériaux et la chimie. Un doublement de cette contribution économique majeure est visé dans les 20 ans à venir pour répondre aux enjeux du climat et de la transition énergétique. Parallèlement, les dynamiques positives de l'emploi et de l'innovation dans les filières bioéconomiques constituent encore d'autres atouts maîtres pour cette nouvelle croissance verte.

Pourtant, malgré tous ces « talents », le développement de la bioéconomie doit affronter de nombreux obstacles, et les principaux touchent aux idées :

– Notre civilisation citadine d'abord, qui a presque tout oublié de ses fondamentaux et du risque de la rareté *(ne sommes-nous pas devenus amnésiques et myopes ?).*

– La prise de pouvoir d'une certaine forme « d'écologie » dogmatique ensuite. Chacun revendique le droit de tout consommer, mais en prétendant également tout protéger. Et cet « écologisme » est souvent plus friand de polémiques que de vrais savoirs et d'informations.

– Enfin, la réaction de certains lobbies qui voient dans la bioéconomie une intrusion dérangeante de la « croissance verte » dans leur propre business et dans leurs stratégies d'approvisionnement conventionnelles.

Quoique renouvelables, les exigences de fonctionnalité qui sont imposées aux bioproduits et aux bioénergies du « carbone vert » par les marchés sont ainsi les mêmes, voire « supérieures » à celles des produits de référence, fossiles ou minéraux *(qui, eux, sont épuisables...)*. Et les externalités positives des filières durables du « carbone vert » *(carbone, emploi, devises, risques...)*, quoique très importantes, ne bénéficient d'aucune valeur reconnue ni rémunérée par les lois ou par les marchés.

Faut-il alors, pour la bioéconomie, se résoudre à devoir subir la « tyrannie des dominants » en ayant à prouver, et à prouver encore, sa légitimité, sa durabilité et sa compétitivité ?... Et d'ailleurs, de quelle compétitivité parlons-nous ?

La règle du jeu de l'économie de marché ne veut-elle pas que l'on compare le prix de produits équivalents ? Alors, qu'en est-il de produits dont les uns sont épuisables *(et souvent polluants, voire dangereux)*, tandis que les autres, biosourcés, sont renouvelables *(et largement neutres en carbone, et vertueux...)* ?

Non, la bioéconomie n'est décidément pas une économie comme les autres. Elle revendique une agriculture et une sylviculture productives *(mais qui soient aussi sobres et diversifiées)*, à une époque où le mot « productivité » n'est plus compris.

Or, la productivité ne conditionne-t-elle pas un développement durable pour 10 milliards de Terriens à venir ? Et les bénéfices connexes du « carbone vert » *(ou externalités positives)*, doivent pouvoir être comptabilisés explicitement dans les arbitrages publics et dans les analyses de cycle de vie. Ces aménités n'ont-elles pas vocation d'ailleurs à être valorisées selon le principe du « dépollueur – bénéficiaire » ? Enfin, un effort durable d'éducation, d'information et de communication n'est-il pas indispensable pour réhabiliter dans l'enseignement, dans l'opinion et dans les médias la légitimité d'une véritable « économie industrielle du vivant », aujourd'hui encore critiquée parce qu'incomprise ?

La bataille de la bioéconomie n'est donc pas une bataille comme les autres, car l'économie du vivant ne ressemble à aucun autre défi. Tant que le pétrole restera sous-coté et tant qu'une véritable information n'aura pas repris le dessus face aux polémiques, la bioéconomie devra s'imposer par les idées, les savoirs et la communication.

Savoir-faire et faire savoir

La bioéconomie est d'abord un défi qu'il faut relever par les idées, les savoirs et la communication. Mais nos sociétés d'abondance ont oublié la plupart des « fondamentaux » qui ont réglé le développement de l'humanité au cours de l'Histoire ! Ainsi, si la bioéconomie, avec productivité, sobriété et diversité, apporte sans conteste des réponses majeures aux défis du futur, peu d'entre nous en ont réellement conscience.

Qui connaît, par exemple, les vertus et la puissance universelles de la photosynthèse et de la « pompe à carbone » qu'elle représente ?

En réalité, nous devons faire face à de multiples lacunes « historiques » et « biologiques » dans nos connaissances. Beaucoup sont mal partagées par nos concitoyens et leurs représentants au niveau de l'éducation, de la recherche, de l'information et de la communication, du fait de nos sociétés urbanisées et « artificialisées ». Selon un sondage européen des années 2000, 35 % des citoyens se réfèreraient ainsi avec confiance aux dires des ONG ; 16 % feraient confiance aux associations de consommateurs ; mais 3 % seulement croiraient aux informations qui leur sont délivrées par les autorités publiques et les milieux professionnels ou industriels !... On ne peut pas rester indifférent face à de telles données dérangeantes qui préfiguraient déjà, dès les années 2000, la « prise de pouvoir » annoncée par les « réseaux sociaux » ! Elles soulignent la profonde rupture qui existe entre les messages publics et professionnels d'une part (*qui sont censés informer la société civile*) et ceux qui émergent, militants et médiatiques, et qui « prétendent guider l'opinion » en prenant parti, mais sans disposer bien souvent de la compétence et du savoir nécessaires...

Il importe donc, à l'évidence, de rétablir les vérités et de « remettre les compteurs » du développement durable dans le bon sens, notamment en matière d'effet climatique de l'agriculture et de la sylviculture. La préparation de la Conférence de Paris, COP 21, en fut l'occasion puisqu'elle permit, avec l'appui des experts les plus chevronnés, de démontrer enfin, rapport officiel à l'appui, que *« face au défi climatique, l'agriculture et la sylviculture de production ne sont pas un problème mais constituent au contraire une vraie solution »*...

Malgré tous ses atouts pourtant, la bioéconomie peine à se faire reconnaître, à convaincre et à séduire pour susciter la confiance et l'adhésion... Même si le « carbone vert » peut devenir ou redevenir attractif face aux oppositions et aux polémiques *(il peut même être « à la mode », parfois, comme dans l'univers de la cosmétique, par exemple)*, des notions comme celles de la forêt artificielle, plantée, productive et efficace, par exemple, ou celle d'une agriculture à vocation industrielle, ou celles encore de la « moléculture » et du bioraffinage, restent, en fait, étrangères et même suspectes dans l'opinion.

On découvre ainsi à quel point une large frange du public *(souvent urbaine et éduquée par ailleurs)* est imprégnée de préconçus et quelquefois d'ignorance.

Ce sont pourtant ces « approximations du savoir » qui se propagent le plus vite, malheureusement, et le plus souvent, dans les grands réseaux sociaux et les grands médias...

Alors, décidément, il faut bien admettre que la bioéconomie n'est pas une économie comme les autres, loin de là ! Au-delà du challenge que représente sa compétitivité, elle nous lance un défi majeur de communication et d'éducation pour pallier nos graves faiblesses dans l'art du « faire savoir », et pour parvenir à devenir plus audible.

Oui, la bataille du « carbone vert » est à peine engagée... et loin d'être gagnée !

Territoires, bioressources et emplois

L'économie du « carbone vert » crée de la valeur par les ressources locales qu'elle exploite en proximité. Elle s'appuie sur des facteurs clés de réussite : **ses marchés-cibles, ses critères de compétitivité, ses externalités socio-économiques positives et ses appuis territoriaux.**

Il en résulte des investissements durables aux multiples vertus :

Productifs	***Diversifiés***	***Non délocalisables***
Sobres	***Innovants***	***Territoriaux***
Renouvelables	***Synergiques***	***Et riches en emplois...***

Mais la bioéconomie reste complexe et dérangeante aux yeux d'une opinion « urbanisée » et souvent devenue « amnésique » ! **Il est donc essentiel, pour communiquer, de développer une pédagogie différenciée via des méthodes et des témoins nouveaux et neutres** *(avec les entreprises et les collectivités comme cibles prioritaires).*

II.

Les menus du « carbone vert »

– La bio-régulation climatique

– Les valeurs ajoutées de la bioéconomie

– Les points d'appui du « carbone vert »

– Le biosourcé à la carte

– La bioéconomie de la Terre

La bio-régulation climatique

Souvenons-nous :

– **1800.** Le « charbon de terre » et l'ère industrielle *(1 milliard de Terriens)*

– **1950.** La révolution tout-énergétique *(3 Mds de Terriens)*

– **2005.** La COP 21 et ses suites *(Conférence de Paris sur le climat)*, et *(7 Mds de Terriens !)*

Alors, après 2050, ne doit-on pas imaginer la fin du pétrole et du gaz... et plus de dix milliards de Terriens ? Et comme le dit l'économiste Philippe Chalmin, ce ne sera certes pas la fin du monde, mais c'est bien déjà le début d'un monde fini !

Nous rejetons, par notre consommation et nos activités, deux fois plus de gaz à effet de serre que l'écosphère ne peut en absorber grâce à la photosynthèse végétale. C'est ce déséquilibre qui est à l'origine du changement climatique et des risques majeurs qui s'y rattachent : *migrations démographiques, sécheresses, pandémies, changements culturaux, déséquilibres forestiers, etc.*

Or, il n'existe que trois voies pour amortir le changement climatique ! Trois solutions seulement qui peuvent permettre d'anticiper et de faire face... Et l'économie biosourcée, c'est-à-dire les filières du « carbone vert » sont opérantes et efficaces dans chacune de ces options !

1) Économiser l'énergie et les matières premières. Cela concerne surtout l'habitat et les transports, en suggérant notamment un usage accru du bois et des biocarburants,

2) Substituer les sources d'énergie et de matières premières fossiles, grâce aux biomatériaux, aux biomolécules, aux biocarburants et aux bioénergies, ainsi qu'au solaire, à l'éolien, à l'hydrolien, au géothermique, et, bien entendu, au nucléaire.

3) Séquestrer du carbone : option qui met en avant les filières forêt-bois-fibres, les biomatériaux, le travail des sols, la conchyliculture et la séquestration géologique du CO_2.

Une agriculture et une sylviculture productives, avec leurs filières industrielles de transformation, sont donc de véritables remparts contre le changement climatique.

Les valeurs ajoutées de la bioéconomie

La bioéconomie, c'est donc la valorisation des fruits de la photosynthèse, de l'agriculture et de la sylviculture en aliments, matériaux, bases chimiques, fertilisants organiques et bioénergies variées...

Mais c'est d'abord **une économie de substitution** qui permet de réduire ou de remplacer l'utilisation d'hydrocarbures fossiles épuisables dans la chimie, dans l'industrie des matériaux et dans les filières énergétiques. L'économie biosourcée, c'est-à-dire la dynamique du « carbone vert », facilite ainsi notre transition énergétique, tout en réduisant le niveau global de nos émissions de gaz à effet de serre.

Toutes ces contributions ont de surcroît un coût minime, et elles génèrent de multiples bénéfices collatéraux *(externalités positives)* : maîtrise du changement climatique, substitution d'émissions de gaz carbonique, réduction d'impacts industriels, stockage biologique de carbone atmosphérique dans les sols, les végétaux et les bioproduits...

Ex. : ***1 m^3 de biomasse ou de bois stocke 1 tonne de CO_2 !***

Ex. ***1 m^3 de biomasse ou de bois peut remplacer deux barils de pétrole* !**

En substituant des ressources fossiles, la bioéconomie entraîne par ailleurs la création nette d'emplois pour la production et la transformation des biorессources au sein des territoires. Cette faculté concerne toutes les filières des matériaux, de la chimie, du végétal et des bioénergies *(biocarburants, bois énergie, biogaz, bioélectricité),* tout en développant son potentiel par l'innovation...

Ex. : ***1 emploi direct supplémentaire est créé pour 1 000 m³/an de biomasse mobilisée.***

Ex. : ***La création nette d'un emploi engendre une économie globale collective de 35 000 €/an pour notre pays (source DARES)***

Enfin, la bioéconomie contribue à réduire la dépendance stratégique de notre pays, à atténuer nos besoins en devises et à amortir certains risques environnementaux ou géopolitiques attachés à l'économie pétrolière et gazière.

Ex. : ***La filière française des biocarburants permet d'économiser l'importation de plus de 1 Md €/an de pétrole*** *(au prix actuel du baril),* ***soit l'équivalent de 70 tankers pétroliers de type Erika évités chaque année !***

Pourtant, et parce que « notre monde est fini », la bioéconomie doit aussi être appréhendée prudemment comme pouvant constituer une source possible supplémentaire de concurrence entre les biofilières (*ex. : concurrence entre non alimentaire et alimentaire ; concurrence entre bois énergie et bois matériau...*).

Cela justifie une recherche permanente de synergie entre les différentes voies de valorisation du « carbone vert », dont les bioraffineries offrent des exemples majeurs.

Ainsi, les stratégies françaises de développement de l'économie biosourcée sont éminemment contrôlées. Et la mise en place en Europe de critères de durabilité pour la production et le commerce des biocarburants en est une preuve évidente. Depuis 2009, aucune autre filière économique au monde que ces biocarburants n'est ainsi « certifiée durable ».

Les vertus de la bioéconomie sont donc flagrantes et puissantes. On parle ainsi « d'externalités socio-économiques positives » quand on évoque, pour l'agriculture, pour l'agro-industrie ou pour la filière forêt-bois-fibres, les emplois nets qui en découlent, le carbone fossile évité, les devises économisées ou les risques amortis par de telles économies du « carbone vert ».

Malheureusement, ces importants bénéfices externes ne sont pas reconnus ni valorisés. Ce sont en quelque sorte des « services gratuits d'intérêt collectif » *(alors qu'à l'inverse, rappelons-le, l'économie pétrolière n'internalise pas la plupart des coûts externes importants qu'elle engendre pour la collectivité... guerres comprises...)* !

L'affichage et la prise en compte des externalités socio-économiques positives des filières du « carbone vert » par les politiques publiques et par les marchés auraient sans nul doute un effet positif de rééquilibrage au profit de la compétitivité de l'économie biosourcée.

Les points d'appui du « carbone vert »

Le développement de l'économie biosourcée repose sur des interactions systémiques que l'on peut présenter sous la forme de **cinq points d'appui majeurs**. Il s'agit... **des bioressources, des marchés cibles, des critères de compétitivité, des externalités socio-économiques et des supports territoriaux :**

* Les bioressources valorisables, avec les marchés cibles à l'aval, comprennent les déchets et les sous-produits organiques *(amendements agronomiques, biogaz...),* les amidons, les sucres et les acides gras *(biocarburants, chimie verte, bioplastiques, biomatériaux...),* et surtout, pour les deux tiers des volumes en cause, les ressources lignocellulosiques *(bois-panneaux, papiers-cartons, fibres, composites, néo-matériaux, xylochimie, bois énergie, cogénération...).*

* Les critères de compétitivité caractérisent quant à eux le développement économique possible de ces filières biosourcées. Celui-ci va dépendre à la fois du prix de marché du pétrole et du gaz et du « prix » conventionnel du carbone *(dans la mesure où l'externalité carbone du « biosourcé » pourra être rémunérée... Et il en va de même concernant l'externalité « emploi »).* Mais ce développement dépendra aussi du prix de marché des matières premières végétales forestières et agricoles, du contexte socio-économique général et des réglementations socio-environnementales.

* En relation avec les critères de compétitivité qui précèdent, les externalités socio-économiques positives de la bioéconomie sont importantes et stratégiques, comme nous l'avons vu précédemment. Cependant, elles ne sont, pour l'heure, ni prises en compte dans les arbitrages publics, ni

valorisées économiquement par les marchés ou par la réglementation. Ces externalités, rappelons-le, ont trait pour l'essentiel à l'absorption, au stockage et à la substitution de CO_2 *(bénéfices qui sont liés à l'amortissement de la dérive climatique)*, ainsi qu'à la création nette d'emplois supplémentaires, à l'économie de devises sur l'importation d'hydrocarbures et à la maîtrise de certains risques géostratégiques, technologiques et environnementaux *(bénéfices qui sont liés dans leur ensemble au remplacement de l'économie pétro-sourcée).*

* Enfin, la dynamique et les ressources de certains territoires confortent largement la structuration de l'économie biosourcée. Elles permettent de développer, par nature, une économie circulaire du « renouvelable » ainsi que des infrastructures industrielles originales, **les bioraffineries**. Mais ce sont surtout des emplois de substitution qui se créent dans les territoires, et qui sont non délocalisables, puisqu'étroitement liés aux bioressources locales et à leur mobilisation. Toutefois, il faut noter que la bioéconomie touche aussi à de grandes filières mondialisées *(bois-papiers, chimie, carburants, combustibles...).*

Aussi, les bioressources qui sont valorisées ne sont pas toujours transformées là où elles sont produites. Elles sont même de plus en plus souvent importées *(ex. : c'est le cas des Pays-Bas ou des DOM français, par exemple, qui ne disposent pas toujours des bioressources propres nécessaires à leurs projets d'économie biosourcée...).*

Pour conclure et pour appréhender l'économie du « carbone vert » dans sa dimension durable, il faut savoir adopter une vision systémique et horizontale de tous les « points d'appui » socio-économiques évoqués ci-dessus... Ce sont de véritables piliers pour les biofilières concernées, et, en particulier, pour les plus importantes d'entre elles, comme celles du bois-papiers. Ils illustrent également les grands thèmes d'information-communication qui s'imposent de plus en plus auprès des personnels, des actionnaires, des clients et des médias, et ce, notamment dans les promotions engagées par les entreprises.

Le biosourcé à la carte

Toutes les valorisations de la biomasse présentent un potentiel et des externalités positives très importants. Ce sont des filières variées et sobres, riches en emplois et en développement territorial, ainsi que motrices dans la substitution et la séquestration du carbone. En outre, si le coût des bioénergies et des bioproduits reste encore, en apparence, plus élevé que celui de leurs concurrents d'origine fossile, ce surcoût n'est en fait que relatif, puisque le caractère renouvelable de la biomasse et les externalités positives de ses productions ne sont pas encore « monétarisés » et n'ont pas d'équivalent dans les filières du « fossile ».

Les perspectives de développement des biofilières, déjà bien réelles avec, en moyenne, ses 7 % de part de marché dans tous les secteurs, offrent d'ailleurs une très grande diversité comme le montre ce rapide « catalogue ».

* Les matériaux « traditionnels » (exemples : *bois-matériau, pâtes et papiers, panneaux et bois reconstitués, textile, caoutchouc, etc.*), ainsi que leurs filières de recyclage (*vieux papiers, bois de récupération, etc.*) constituent véritablement le « socle » actuel de la valorisation non alimentaire de la biomasse. Ils disposent encore de marges de développement, de progrès et d'innovation considérables.

* Les « néo-bio-matériaux » (*bioplastiques, biocomposites fibreux, etc.*) sont appelés à concurrencer, à terme, la plupart des matériaux actuels, dits « classiques », qui sont trop « énergivores » *(plastiques, acier, aluminium, fibres minérales et même béton, etc.*), dès lors que leurs technologies et leur compétitivité seront pleinement maîtrisées.

* Les « biomolécules » de la « chimie du végétal » (*solvants, lubrifiants, tensioactifs, polymères, intermédiaires chimiques, etc.*) viennent dès à présent élargir et diversifier les filières chimiques traditionnelles de la biomasse (*savonnerie, amidonnerie, pharmacie, chimie fine, parfumerie, etc.*) et pourront pleinement prendre une place décisive dans le monde de la chimie du pétrole en poursuivant l'effort intense d'innovation qui est engagé.

* Les « biocarburants » sont issus de la transformation thermochimique ou biotechnologique de la biomasse agricole, et bientôt de celle de la cellulose au sens large *(2e génération).* Ils offrent des bilans énergie-carbone très performants (*près de trois fois supérieurs à ceux des carburants fossiles*) et sont parfaitement adaptés pour entrer directement, et avec compétitivité, dans la composition des carburants pétroliers, mais aussi pour alimenter parallèlement certaines filières de la chimie. En outre, ils sont « certifiés » en regard de critères de « durabilité » européens (*c'est un exemple unique au monde*). Leurs co-produits protéiques *(tourteaux, drèches)* sont enfin particulièrement précieux dans l'alimentation animale. Les technologies de 2e génération des biocarburants *(à base de cellulose ou de biogaz)* ont achevé leur stade de recherche pour aborder leur pré-développement industriel.

* La chaleur d'origine biomasse répond d'abord à des besoins industriels, agricoles, collectifs et urbains (*chaufferies, réseaux de chaleur*) en remplaçant des combustibles fossiles. Cette filière est mature au plan technologique et en développement massif. Pour répondre par ailleurs aux besoins domestiques (*bois bûche, plaquettes et pellets*), la filière de valorisation de la biomasse est la plus importante en volume, mais avec des technologies plus traditionnelles *(poêles, inserts),* devenues plus efficaces toutefois en termes de rendement grâce à des labels d'équipements comme « Flamme verte ».

* L'électricité d'origine biomasse est un sous-produit de la vapeur ou du biogaz. Elle est obtenue en cogénération grâce à des turbines ou des moteurs. La technologie à base thermique est mature mais cette filière ne peut toutefois durablement se développer qu'en pleine synergie et en équilibre avec les filières existantes du bois-fibres.

* Le gaz de méthanisation *(biogaz)*, issu de la fermentation de sous-produits et de déchets organiques *(biodéchets)*, peut être valorisé en chaleur, électricité, gaz combustible ou biocarburant (*biométhane*). Quoique maîtrisées à la base, ces technologies peuvent encore évoluer vers de nouvelles applications « carburant » et nécessitent encore, pour cela, des innovations logistiques et normatives non négligeables.

* Les engrais et les amendements organiques, enfin, sont certes connus (*composts, terreaux...*), mais ils méritent pourtant d'être encore améliorés, normalisés et vulgarisés (*métha-composts, organo-minéraux, cendres...*) pour révéler pleinement leur valeur face à leurs concurrents d'origine minérale ou chimique et pour se développer à la hauteur des enjeux agronomiques et environnementaux.

Devant toutes ces filières du « carbone vert », on pressent qu'il est fondamental d'organiser ces « appétits » concurrents afin de prévenir les risques de conflits d'usage entre filières et de garantir une gestion soutenable des sols et des ressources.

Et l'on perçoit aussi que ces nouveaux débouchés de la « bioéconomie » offrent des opportunités attrayantes de diversification, de différenciation et de compétitivité aux entreprises françaises et européennes qui opèrent sur différents marchés *(bois-fibres, agroalimentaire, énergie, chimie, matériaux ou valorisation des déchets)*, tout comme ils confortent la position du monde agricole et forestier et ses perspectives d'avenir.

La bioéconomie de la Terre

L'agriculture, l'aquaculture, l'agro-industrie et les biodéchets participent tous, aujourd'hui, à la transformation intelligente de l'énergie du soleil en molécules hydrocarbonées, stockables et renouvelables. Beaucoup sont à la base de notre alimentation, mais toutes sont également la source de matériaux ou de polymères qui sont, en outre, des réserves d'énergie et qui constituent parallèlement des « puits » de carbone.

Les biofilières fonctionnent également comme de véritables « amortisseurs à CO_2 » et comme des remparts contre la dérive climatique de notre planète. Dès lors, les activités des champs, des bois et des biodéchets présentent des bilans globaux flatteurs en termes d'énergie comme d'effet de serre. Ceci explique notamment les ambitions majeures qui sont désormais celles de la France en termes de « carbone vert », face aux défis de la transition énergétique, à la raréfaction des ressources fossiles et aux dangers de la dérive climatique. Ces ambitions impliquent majoritairement la bioéconomie !

Le recours à la biomasse et à la « bioéconomie », qui ont fondé la civilisation humaine pendant 10 000 ans depuis la maîtrise du feu et de l'agriculture jusqu'à l'avènement des énergies « fossiles » au XIXe siècle, est donc redevenu effectif pour nombre de territoires, d'entreprises et de professions depuis une trentaine d'années.

La biomasse assure en effet, nous l'avons vu, plus de 7 % des approvisionnements actuels des industries des matériaux, de la chimie et de l'énergie, alors que nos engagements internationaux en énergie-carbone viseraient à plus que doubler ces contributions vers le milieu du siècle ! Bien entendu, de tels enjeux ne sont pas sans contraintes, ni sans obligations. Ils nous imposent de rechercher partout une production soutenue ainsi qu'une mobilisation efficace et durable de toutes les sources de biomasse et de biodéchets. Ils impliquent notamment une gestion productive et raisonnée des terres et des forêts. Ils exigent enfin que des règles de gouvernance soient élaborées pour qu'une allocation équilibrée de toutes les bioressources reste possible, par synergie, entre toutes les biofilières et entre les marchés utilisateurs, et particulièrement à l'égard des besoins de l'alimentation humaine.

III.

Les biofilières en valeur

– La forêt française, sans fausse pudeur
– Les forêts plantées
– Les talents cachés du bois
– Le bois dans tous ses états
– Les miracles de la cellulose
– Les matériaux oubliés de la bioéconomie
– Les cartes maîtresses de la bioconstruction
– Les bioénergies du monde
– Le pétrole et après ?
– Les biocarburants et l'économie biosourcée
– Le biogaz et l'industrie
– Les biodéchets en valeur
– L'or brun de la bioéconomie
– L'alchimie du végétal

La forêt française sans fausse pudeur...

La forêt française génère annuellement 120 à 130 Mm^3/an de production ligneuse brute renouvelable. C'est l'équivalent de 4 m^3 de bois qui y sont produits chaque seconde grâce à la photosynthèse, ou encore 4 tonnes de CO_2 atmosphérique qui y sont absorbées et stockées simultanément !

Sur cette production totale, 70 Mm^3/an sont récoltés pour l'industrie (40 Mm^3) et pour l'énergie (30 Mm^3). Tandis que 50 Mm^3/an ne sont donc a priori pas récoltés... a priori en effet car !...

* 15 Mm^3/an ne seront en réalité disponibles et récoltables qu'au milieu du siècle car ce sont encore aujourd'hui des « jeunes » forêts, plantées récemment, et qui ne sont pas encore parvenues à maturité.

* 10 à 15 Mm^3/an sont détruits parallèlement *(mortalité naturelle ou accidentelle)* ou physiquement inaccessibles.

La filière bois-fibres française *(bois d'œuvre, bois de trituration, xylochimie, bois énergie)* dispose donc ainsi en théorie, chaque année, d'une « réserve » nette d'approvisionnement supplémentaire disponible d'environ + 20 Mm^3/an (120-70-15-15). Mais il s'agit en réalité d'une « réserve » souvent difficile à mobiliser, car surtout composée d'essences feuillues mélangées de médiocre qualité *(taillis)*. Ceci en explique la sous-mobilisation actuelle.

Toutefois, cette ressource nette supplémentaire devrait presque doubler d'ici 20 à 30 ans grâce à l'exploitation des jeunes plantations résineuses devenues matures. La relance de plantations résineuses en France est ainsi une priorité stratégique, face à des marchés toujours plus demandeurs comme la construction et l'emballage. L'insuffisante production de bois résineux français explique en réalité une large part du déficit commercial de notre filière bois.

(NB : La productivité durable à l'hectare des peuplements résineux est, en France, le triple en moyenne de celle des peuplements feuillus. Les résineux absorbent et séquestrent ainsi deux à trois fois plus de CO_2 atmosphérique par hectare que les feuillus, avec un effet d'amortisseur climatique bien supérieur.)

Face à ces défis, les vrais handicaps de la forêt française ne sont pas forcément ceux que l'on invoque habituellement ! Ainsi, notre forêt n'est pas si morcelée qu'on le dit, par exemple. Les 2/3 environ de sa surface et de son potentiel de production dépendent seulement de 400 000 propriétaires *(sur un total de plus de 3 millions de propriétaires forestiers !)* et sont gérés par moins de 150 structures spécialisées (*dont l'ONF, 27 coopératives privées et 120 experts indépendants).*

Il manque, par contre, nous l'avons dit, 10 Mm^3/an de bois résineux à la filière bois-fibres française, et notamment en douglas, en sapins et en épicéas. Un tel volume pourrait facilement être produit sur 600 000 ou 700 000 hectares de nouvelles plantations résineuses à établir en remplacement de taillis. Et il suffirait pour ce faire de 15 ans en les plantant à raison de 50 000 ha/an, comme au temps du Fonds forestier national.

Ces nouveaux reboisements « libéreraient », en outre, dans le même temps, et instantanément, 10 Mm^3/an « supplémentaires de petits bois feuillus » extraits des parcelles de taillis à reboiser. Les approvisionnements des industries de la trituration, de la xylochimie et du bois énergie en seraient ainsi soulagés. Un peu d'imagination ne nuit pas !

On comprend mieux enfin l'enjeu de ces plantations résineuses pour la filière bois et l'économie française, pour notre balance commerciale et pour l'emploi en comparant les situations française et allemande en la matière...

Le tableau qui suit est édifiant !

France-Allemagne : L'effet résineux ! *(données 2010)*

	France	**Allemagne**
– Surface forestière	16 Mha	11 Mha
– dont feuillus – dont résineux :	11 Mha (68 %) 5 Mha (32 %)	3 Mha (30 %) 8 Mha (70 %)
– Récolte (hors bois bûche)	40 Mm^3/an	48 Mm^3/an*
– Production industrielle (sciages)	10 Mm^3/an	25 Mm^3/an*

* dont l'essentiel en bois résineux

Les forêts plantées

(source FAO. D'après K. Prinz)

Il existe de par le monde 290 millions d'hectares de « forêts plantées », soit 7,2 % seulement de toutes les forêts planétaires. Ces forêts plantées produisent néanmoins, à elles seules, plus de 560 millions de m^3 de bois ronds industriels chaque année, soit le tiers de toute la production mondiale totale de bois ! Et ces proportions sont en augmentation constante.

Certaines des plus grandes unités industrielles mondiales de la filière bois, notamment pour la production de pâtes-papiers, sont approvisionnées contractuellement par de telles plantations qui pèsent fortement sur le fonctionnement des marchés mondiaux. Malgré leurs performances économiques et sociales exceptionnelles, ces plantations forestières sont pourtant critiquées pour des raisons qui se veulent en théorie « écologiques » et qui sont, souvent, plutôt dogmatiques et mal fondées.

Forêts plantées dans le monde (2015)

	Millions ha	**Répartition (%)**
Afrique	16	5,5
Asie	129	44,6
Europe	82	28,4
Amérique centrale et du Nord	43	14,9
Océanie	4	1,4
Amérique du Sud	15	5,2
Monde	**289**	**100 %**

Les forêts plantées se trouvent donc surtout en Asie, en Amérique et en Europe. Deux pays dominent d'ailleurs la récolte mondiale de bois de plantation. Ce sont les États-Unis et le Brésil, chacun produisant plus de 130 millions de m^3 par an issus de ces plantations.

L'importance relative de la récolte de bois dans les forêts naturelles et dans les forêts plantées varie aussi fortement : dans certains pays, comme la Russie et le Canada, les forêts naturelles sont prédominantes pour la production de bois ; cependant, l'apport des plantations est de loin le plus important dans des pays tels que le Brésil, l'Inde ou le Chili.

En représentant un tiers de la production mondiale de bois, ces plantations ont en réalité une influence notable sur les marchés du bois et des produits forestiers, ainsi que sur la compétitivité de leurs produits. Elles fondent, sans doute, une des composantes les plus réactives de la filière forêt-bois mondiale. Dans un monde globalisé, où les forêts naturelles sont de plus en plus protégées, il est probable que l'influence des plantations orientées vers les marchés mondiaux continuera de s'étendre.

Les talents cachés du bois

Au-delà de ses utilisations originelles que sont la construction et l'énergie, le bois n'a pas fini de nous surprendre par ses potentiels d'innovation. Apprenons donc à regarder aussi un « morceau de bois » avec l'œil du chimiste, par exemple ! La xylochimie peut en effet répondre à un grand nombre d'enjeux environnementaux et industriels, au même titre que la chimie du végétal d'origine agricole.

Mais qu'y a-t-il donc de si intéressant dans le bois ?

* **De la cellulose** *(50 % du matériau bois),* un polymère de glucose hydrolysable,

* **Des hémicelluloses** *(25 % du bois)*, chaînes ramifiées de sucres propres à chaque plante,

* **De la lignine** *(25 % du bois)*, macromolécule aromatique de la famille des phénols,

* **Des substances inorganiques enfin**, qui forment, après combustion, les cendres minérales de bois.

Les premiers industriels qui se sont penchés sur l'utilisation des composés chimiques du bois ne furent, paradoxalement, pas des chimistes mais des papetiers notamment *(avec des producteurs de caoutchouc).* Mais les producteurs industriels de charbon de bois cherchèrent aussi à distiller les gaz et les « jus pyroligneux » condensés qui étaient co-produits dans leurs « meules – ou fours – de carbonisation », ceci pour en extraire des solvants, des colles et des arômes.

Aujourd'hui, dès lors que l'on maîtrise les procédés de la thermochimie du bois *(ou de son hydrolyse enzymatique),* on peut, en fait, donner naissance à un grand nombre de produits dérivés, variés et innovants *(alimentation animale & humaine, médecine & pharmacie, charbons actifs, cosmétique, textiles, précurseurs chimiques, biocarburants de seconde génération...).*

Par les importants volumes de bois auxquels elle peut accéder et par la diversité de ses produits, cette xylochimie participe ainsi à une bioéconomie originale :

– **La cellulose.** Outre son principal débouché dans la fabrication des papiers & des cartons de toutes sortes, elle devient une source de glucose après avoir été hydrolysée. Dès lors, des fermentations spécifiques ou la conversion chimique de ce glucose permettent d'obtenir de multiples molécules *(acide lactique, PLA des bioplastiques, 1-3 propanediol, acide succinique, farnésène, furfural, acide lévulonique, sorbitol, éthanol, etc.).*

– **La lignine**. Autre composant majeur du bois, elle a été et reste encore, à la base, une source d'énergie. Sous-produit de la cuisson du bois, elle est traditionnellement brûlée par les papetiers dans leurs chaudières, dites « à liqueur noire », à des fins énergétiques. Mais elle peut aussi générer, par oxydation, hydrogénation, carbonisation ou pyrolyse, de nombreuses substances aux débouchés variés *(vanilline, phénols, charbons actifs, résines, gaïacols, etc.).*

– **Les hémicelluloses.** Enfin, qui permettent, avec des traitements chimiques et biochimiques adaptés, d'obtenir des molécules intermédiaires dans la plupart des domaines déjà cités.

Mais le bois contient aussi bien d'autres substances naturelles que les celluloses et la lignine. Le caoutchouc et l'essence de térébenthine *(issue du gemmage des pins maritimes)* sont historiquement les plus connus, par exemple, tout en offrant toujours des perspectives d'innovation et de développement. Les essences organiques extractibles du bois et des aiguilles de résineux sont également nombreuses, avec des débouchés dans l'industrie pharmaceutique, la cosmétique et la chimie fine. Les possibilités d'inventions et d'adaptations xylo-chimiques sont donc quasi infinies pour le bois et la fibre, comme d'ailleurs pour les dérivés du végétal d'origine agricole, et ce, dans presque tous les domaines *(transport, textile, agroalimentaire, environnement, communication, bâtiment, divertissement, santé, industrie).*

Les dérivés du bois sont donc un vrai challenge, à l'origine de la concrétisation des « bioraffineries », mais c'est aussi un moteur puissant pour les filières de la biomasse et du « carbone vert ».

Le bois dans tous ses états

Si on se donne tant de mal pour mobiliser les ressources ligneuses de la forêt, c'est que le bois est décidément un matériau extraordinaire ! Il est renouvelable et c'est le seul matériau dans ce cas sur notre planète. C'est la révolution de l'outil qui a autorisé, dans le temps, avec le bois, l'invention d'assemblages constructifs complexes et durables dans l'habitat, la marine, les transports, l'écriture, la décoration et l'art, tout comme pour la captation des énergies hydrauliques ou éoliennes d'autrefois, avec les vieux moulins.

Afin de s'affranchir des limites dimensionnelles du bois massif, nos industries sont entrées par la suite dans une ère de « recomposition » de ce matériau lignocellulosique, par le collage d'éléments massifs *(bois massifs reconstitués ou BMR...),* comme par l'agglomération de fibres ou de particules de bois *(papiers et cartons, non tissés, panneaux de particules, panneaux de fibres MDF, panneaux orientés ou OSB...).* Les progrès de la xylochimie ont aussi permis, dans le même temps, de rendre le bois plus imperméable et plus résistant face aux parasites, aux champignons, à l'eau et au feu.

Mais le bois, ne l'oublions pas, fut aussi l'auxiliaire énergétique du développement de nos premières économies industrielles. Bien avant le charbon et le pétrole, les forges, les salines et les verreries en étaient totalement dépendantes. Et le bois énergie représente, aujourd'hui, en France, autant d'approvisionnement que le bois d'œuvre des scieries *(25 Mt/an),* soit la substitution de l'équivalent de 9 Mtep chaque année...

Si le bois fut donc bien le matériau et l'énergie d'excellence de notre histoire, le voici qui devient l'un des principaux points d'appui pour notre futur. Car le bois des forêts « en croissance » piège le carbone atmosphérique par la photosynthèse forestière : rappelons que 4 m^3 de bois, absorbant 4 t de CO_2, sont ainsi produits chaque seconde dans la forêt française ! Le bois stocke et neutralise ensuite ce carbone tout au long de la durée de vie des bioproduits, recyclage compris, avant de pouvoir le restituer *in fine* sous forme d'une bioénergie... tout aussi renouvelable ! Le bois et la fibre de cellulose remplacent aussi d'autres matériaux trop émetteurs de gaz à effet de serre et trop gourmands en énergie : le béton, l'acier, l'aluminium, etc.

Aux côtés des scieries et des filières du bois d'œuvre, l'armature essentielle de la filière bois française est constituée par ses industries de la « fibre », pâtes à papier, papiers-cartons et panneaux, elles-mêmes principalement tournées vers les marchés finaux de la construction, de l'emballage et de l'impression-écriture. La trituration du bois transforme et valorise, chaque année, près de 15 Mt de bois secondaires dans notre pays *(dont 60 % de rondins issus directement de forêts et 40 % de produits connexes de transformation de la filière bois).* Ces activités induisent en France plus de 30 000 emplois « territoriaux » *(soit autant que les scieries).* La plupart des sites concernés sont enfin équipés d'installations énergétiques thermiques ou thermoélectriques de grosses puissances à base de biomasse ; ce qui fait de la trituration du bois la première source industrielle de valorisation bioénergétique de biocombustibles renouvelables en France.

Les filières de la trituration du bois participent donc, de façon incontournable, à une bonne gestion « durable » des forêts, dont elles mobilisent les produits secondaires qui doivent impérativement être récoltés. Mais ces filières sont tout aussi indispensables à la bonne santé économique et financière des scieries, dont elles valorisent les sous-produits.

Ces grosses industries de la trituration opèrent sur des marchés ouverts et mondialisés, à proximité logistique *(moins « d'une nuit de camion »)* des grands « pôles de marché » européens les plus solvables *(sud du Royaume-Uni, Benelux, ouest de l'Allemagne, Italie du Nord et Catalogne).* La qualité des infrastructures et le prix toujours traditionnellement compétitif de l'énergie électrique dans notre pays en sont les principaux atouts, avec nos importants gisements forestiers et de vieux papiers pour les unités de recyclage. Quoi que certains disent, la légitimité stratégique des filières de la trituration du bois compétitives en France n'est pas contestable, car ces industries sont aussi les meilleures garantes du maintien d'une gestion forestière durable et d'un tissu de scieries industrielles indispensable à notre « bioéconomie » et aux bioénergies.

Il est donc possible, en France, de « faire feu de tout bois », en s'appuyant sur un développement synergique des industries du sciage et de la trituration, dès lors que la mobilisation des ressources forestières et la relance du reboisement résineux vaincront les préjugés.

Les miracles de la cellulose

La cellulose représente 50 % du matériau bois *(le reste, rappelons-le, comprenant les hémicelluloses et la lignine).* C'est une des molécules miracles du monde vivant, au même titre que l'amidon ou les acides gras. Elle est à l'origine des matériaux renouvelables et de leur rigidité, des premiers biocombustibles de l'humanité, d'une part significative de la chimie, et bientôt des nouveaux biocarburants lignocellulosiques. Elle alimente enfin le stock renouvelable et durable de carbone le plus massif, avec celui des coraux, qui participe à la régulation climatique !

La cellulose n'est pas une molécule banale ! Elle participe environ...

- **à 5 % des néo-matériaux, composites et bases chimiques ;**
- **à 10 % des matériaux de construction ;**
- **à 20 % des emballages ;**
- **à 95/100 % des supports d'impression et d'édition, dont les papiers ;**
- **et à 6,5 % de nos consommations totales d'énergies « fossiles » carbonées *(en attendant les futurs biocarburants lignocellulosiques).***

À fonctionnalité égale, la fabrication d'une structure en bois-cellulose consomme environ 9 fois moins d'énergie que son équivalent en béton. Une telle structure stocke en outre du carbone (-1 t CO_2/m^3-), et restitue en fin de vie un véritable biocombustible renouvelable (0,25 tep/m^3).

Les matériaux « oubliés » de la bioéconomie !

À l'évidence, il n'y a pas que la construction pour illustrer les défis que doivent relever les biomatériaux. Depuis la nuit des temps, les textiles et les cuirs, par exemple, œuvrent eux aussi discrètement dans les stratégies de l'histoire, tout comme le caoutchouc d'ailleurs, cet auxiliaire extraordinaire de la révolution automobile. Aussi anciens soient-ils, ces biomatériaux restent pourtant toujours présents dans notre quotidien. Ils sont utiles et distingués, efficaces, et à la source d'économies industrielles innovantes et reconnues, jusque dans les filières du luxe... On les cite rarement... et pourtant, ce sont des aboutissements du carbone vert :

* Les premières corporations d'ateliers travaillant les peaux sont apparues en Europe au Moyen Âge, avec la différenciation entre les *tanneurs (utilisateurs d'écorces de chêne appelées « écorces à tan »),* et les mégissiers *(utilisateurs d'un mélange à base de cendres végétales appelé « mégis »).* **Les métiers du cuir** prirent ainsi, historiquement, une importance considérable. Le travail du cuir constituait d'ailleurs en France, au début du XIXe siècle, la troisième source d'activité industrielle derrière la métallurgie et le textile. On dénombrait à l'époque 1 500 tanneries-mégisseries sur tout notre territoire. Il ne subsiste dans notre pays que 19 tanneries et 31 mégisseries, avec 1 500 emplois répartis dans les principales « régions du cuir » *(l'est de la France, le centre et le sud-ouest).* Car aujourd'hui, près de 76 % des peaux françaises sont malheureusement exportées à l'état brut et traitées à l'étranger... Là encore, donc, comme dans la filière bois, la France peine parfois à rendre sa valeur ajoutée compétitive et à en capter les bénéfices sur son propre territoire !

* **Les textiles**... Ne parlons pas ici du coton, du chanvre ou du lin... ni des laines diverses, traditionnelles, qui accompagnèrent et accompagneront partout l'histoire humaine dans ses innombrables besoins, de l'habillement jusqu'aux voiles de bateaux... et aux linceuls ! Car là encore, malgré la toute-puissance des textiles synthétiques, le « naturel », le « bio-sourcé » résistent et se « re-développent » même ! Qui connait ainsi dans le détail, par exemple, la belle histoire, d'origine française, de la viscose *(rayonne, d'origine cellulosique, appelée aussi soie artificielle)*, laquelle constitue toujours un débouché majeur pour la filière bois-fibres ? Et qui a conscience, aussi, des fonctionnalités et des applications extraordinaires des « non-tissés » cellulosiques, qui s'imposent sur de nouveaux marchés à haute valeur, comme le médical ou l'automobile, par exemple ?

* D'utilisation universelle enfin, **le caoutchouc** est quant à lui un matériau souple et élastique issu du latex, sécrétion naturelle de l'hévéa. Il est connu depuis la découverte de l'Amérique du Sud au XVe siècle, mais ce n'est qu'en 1823 que Charles Macintosh, puis Charles Goodyear en maîtrisèrent toutes les véritables applications industrielles *(dont les pneus...)*, en particulier grâce à la vulcanisation. Ce fut, avec la mise au point du celluloïd, la première aventure industrielle « bioéconomique » et les premières matières plastiques commerciales biosourcées...

Et aujourd'hui encore, le caoutchouc naturel résiste et innove. Il se partage toujours les grands marchés mondiaux *(22 Mt/an)* à égalité avec le caoutchouc de synthèse.

Et avant d'aborder la bioconstruction, nous devons nous rappeler que le bois, dans ce domaine, avec les charpentes, les torchis, les pisés ou les colombages, a presque trois fois plus de recul, dans l'histoire, que le béton armé. Et ces bois résistent toujours, impassibles et séduisants, comme de véritables joyaux historiques architecturaux, si modernes pourtant, dans nos plus belles villes historiques.

Qu'en sera-t-il donc au fait, dans dix siècles, de nos structures actuelles en béton armé, de leur résistance et de leur vieillissement ? Les alertes ne manquent pas...

Les cartes maîtresses de la bioconstruction

À la fin du XIXe siècle, la biomasse fournissait plus de 30 % des besoins mondiaux en matières premières. Aujourd'hui, elle n'en représente certes plus que 7 %... mais elle compte encore malgré tout pour plus de 10 %, en France, dans les matériaux de construction, part en constante progression !

Le domaine de la construction est en fait le principal utilisateur mondial de matières premières. Et depuis un siècle, l'extraction de matériaux de construction a été multipliée par trente-quatre, alors que, par référence, la consommation de combustibles fossiles n'a été multipliée « que »... par douze ! Or, on sait, par exemple, que la production mondiale de ciment, qui croît sans cesse, rejette déjà entre 5 % et 6 % des gaz à effet de serre totaux qui sont émis sur notre planète !...

À l'inverse, l'utilisation du bois-fibres offre, pour la construction, de multiples bénéfices durables, notamment quant au bilan énergie – carbone. *(Ex. : Rappel. 1 tonne de bois stocke environ 1 tonne de CO_2, et peut restituer* in fine, *par combustion, une énergie nette renouvelable équivalente à deux barils de pétrole...).*

Examinons alors le cycle du carbone dans l'utilisation du bois-fibres en construction, ou dans ce que l'on nomme la « construction bas-carbone » :

• ABSORPTION : Le CO_2 atmosphérique est d'abord absorbé à l'amont par les forêts et les peuplements végétaux *(photosynthèse)* à raison d'environ 10 tonnes de CO_2/ha/an pour ce qui concerne les principaux résineux français valorisés en construction *(e.g. : sapin, épicéa, douglas et pins).* La forêt française absorbe ainsi, au total, quatre tonnes de CO_2 par seconde, soit 120 M tonnes/an de CO_2 qui sont séquestrés et stockés utilement dans les arbres forestiers. Cette absorption forestière massive de CO_2 « neutralise » en réalité l'équivalent du tiers des émissions françaises annuelles de gaz à effet de serre *(évaluées à 360 Mt CO_2/an).*

- SÉQUESTRATION-STOCKAGE : L'une des particularités de la bioéconomie est de pouvoir stocker le carbone atmosphérique qui a été absorbé précédemment par la photosynthèse, et ceci, pour des durées variables. Le cas le plus probant est celui du bois, dans ses usages liés à la construction *(laquelle consomme environ 50 % du bois matériau français).* On peut citer pour l'exemple la charpente de la cathédrale Notre-Dame qui avait stocké pendant 800 ans du CO_2 atmosphérique émis au Moyen Âge, avant le dramatique incendie de sa toiture où le carbone stocké fut récemment réémis dans l'atmosphère.

- SUBSTITUTION ÉNERGIE-CARBONE : L'usage du bois-fibres en construction correspond à l'emploi d'un matériau particulièrement sobre en énergie. La fabrication d'une structure en bois requiert en effet, à fonctionnalité équivalente, neuf fois moins d'énergie *(dite énergie grise)* que dans le cas du béton, et dix-sept fois moins d'énergie que dans le cas de l'acier.

Et une étude sur les labels BBC de construction (*basse consommation*) a montré qu'en France, plus de la moitié des émissions de CO_2 dues aux bâtiments étudiés provenait précisément de l'énergie de « fabrication » des matériaux utilisés.

Le bois-fibres utilisé en construction offre donc ainsi, dans le bilan énergie-carbone d'un bâtiment, une source unique d'énergie économisée et de performance bas-carbone.

Mais il existe encore une autre source possible, souvent négligée, de substitution de carbone par la bioconstruction. Il s'agit de la déconstruction des immeubles *(démolition).* Les bois de déconstruction peuvent en effet être avantageusement valorisés en énergie renouvelable *(dans des fours de cimenteries, par exemple).*

Il est important, vu ce qui précède, de retenir que la maîtrise de la dérive climatique ne peut faire appel en réalité qu'à trois grandes solutions stratégiques possibles... : **la sobriété des systèmes, l'économie du renouvelable, le stockage de carbone**. Or, la production et la valorisation du bois-fibres-biomasse sont précisément opérantes positivement dans chacune de ces trois voies exclusives pour faire face au défi climatique. Le promoteur d'un chantier de construction « bas-carbone » utilisant du bois-fibres peut donc ainsi mettre en avant plusieurs des facteurs clés précédents au crédit de son « bilan carbone », sans afficher ni rechercher pour autant une quelconque et mythique « neutralité carbone ».

Et pourquoi ne pas souligner enfin que le béton armé n'a qu'à peine plus de cent ans d'existence comme matériau certifié pour la construction, alors que le bois et ses dérivés ont cinq à dix fois plus de recul historique et de références d'usage probantes !

Les bioénergies du monde

Chaque année, un Américain moyen consomme, en énergies diverses, 8 tep *(tonnes équivalent pétrole)*, contre 4 tep/an pour un Européen et seulement 1 tep/an et par personne pour la moyenne des citoyens du monde... 82 % des besoins énergétiques mondiaux sont toujours satisfaits par les ressources fossiles *(pétrole, gaz, charbon...)*, avec les conséquences climatiques que l'on sait.

Une transition énergétique s'impose donc, à l'évidence, même si l'ère des combustibles fossiles *(et notamment du charbon)* est encore loin d'être révolue à l'horizon du demi-siècle. Le renouvelable y a naturellement sa place et le biosourcé, né de la photosynthèse, en constitue une des ossatures, originale, puissante et extrêmement diversifiée avec les filières du « carbone vert ».

Dans le monde, les énergies renouvelables représentent 19 % de la consommation énergétique finale. Et les trois quarts sont issus de la biomasse, en particulier du fait de la contribution majeure du bois énergie domestique dans la plupart des pays en développement. L'Agence internationale de l'énergie (AIE) prévoit cependant un très fort développement des biofilières énergétiques dites de technologies « modernes » dans le monde au cours des années à venir !

Comme le montre le tableau ci-dessous, la biomasse tient une place diversifiée et cruciale dans la stratégie énergétique mondiale. Nul ne soupçonne pourtant que les bioénergies occupent le deuxième rang énergétique mondial, derrière les énergies fossiles, et devant le nucléaire..., alors même que les énergies renouvelables les plus « en vogue » *(solaire et éolienne en particulier...*) restent encore à des niveaux très modestes.

Contributions énergétiques mondiales en Mtep/an *(source AIE)*

	2020	**2030**	**2050**
Énergies fossiles	11 000	12 000	15 000
Bioénergies	**1 500**	**1 800**	**2 200**
Nucléaire	1 000	1 200	1 500
Hydraulique	300	400	600
Autres renouvelables *(solaire, éolienne, géothermie)*	500	500	1 000

N'oublions pas toutefois, face à de telles prévisions, que la vertu majeure de la biomasse n'est pas de conduire d'abord à la production d'énergie *(même si les biocarburants occupent une place tout à fait spéciale...)*, mais bien de répondre prioritairement aux besoins alimentaires et de satisfaire aux nécessités de substitution des matériaux et des molécules d'origine fossile ! C'est cette diversification systémique de l'économie du « carbone vert » que les stratégies énergétiques *(souvent dominantes)* omettent malheureusement trop souvent de prendre en compte, à commencer par les orientations des politiques européennes.

Le pétrole... et après ?

Depuis 30 ans, les quantités de pétrole découvertes annuellement dans le monde sont inférieures aux quantités consommées sur la planète. Viendra donc inéluctablement le moment où la production mondiale ne pourra que décliner (*nonobstant le gaz et le pétrole de schiste, qui nous offriront un sursis*), quels que soient les investissements qui pourraient être réalisés. Ce sera le *« peak oil »*, et la date de sa survenance fait toujours débat.

Le pétrole et le gaz, qui sont substituables entre eux pour beaucoup de leurs usages, assurent près de 55 % de la fourniture mondiale d'énergie, avec le charbon *(plus de 20 %)* et le nucléaire *(plus de 5 %)*. Le tout se complète à hauteur de presque 20 % par la contribution des énergies renouvelables, dont les trois quarts proviennent de la biomasse *(e.g. : bois énergie)*.

Le pétrole, aujourd'hui, sert de carburant pour 55 %, de combustible *(fioul)* pour 35 % et de base pour la pétrochimie à hauteur de 10 %.

C'est précisément cette abondance du pétrole, son coût modéré et sa flexibilité qui ont été les principaux moteurs du « progrès » économique de l'ère moderne. Mais avons-nous conscience que nous sommes tous profondément devenus dépendants de cette perfusion pétrolière permanente et croissante ? Et que faire dès lors pour prévenir un autre « choc pétrolier », et pour s'y préparer, alors même qu'un tel choc pourrait être probablement plus violent que les « alertes conjoncturelles » de 1973 et 1979 ? Nous en avons eu récemment une préfiguration comme conséquence du conflit russo-ukrainien...

Pourquoi n'évoquons-nous donc pudiquement qu'un simple enjeu de « transition énergétique », sans rupture, à la mode du modeste slogan bien connu *« Prenez une douche plutôt qu'un bain... » ?* Comment pouvons-nous changer de cap dans l'addiction énergétique et dans les bilans de notre habitat, de nos transports, de nos comportements et de nos habitudes ?

– La France, qui a fait massivement le choix du nucléaire (*même si ce choix heurte certains*), n'est pas dans la situation la plus critique pour faire face à ce défi, d'autant que nous avons déjà amorcé une stratégie « énergie-climat » vertueuse.

– La sobriété, l'efficacité énergétique sont et resteront le préalable à toute stratégie de succès. À défaut, toute autre solution énergétique alternative, renouvelable ou purement technologique, ne ferait que tenter de remplir un puits sans fond.

En tout état de cause, en appui aux solutions et aux comportements économes, la recherche de voies énergétiques nouvelles s'impose, notamment renouvelables et « sans carbone ». Et il en va simultanément pour la prévention du changement climatique...

Les solutions ne manquent pas, certes, mais peu d'entre elles peuvent se substituer aux hydrocarbures, contrairement aux multiples voies permettant de produire de l'électricité bas-carbone et renouvelable...

Exemples :

* La force hydraulique des barrages produit de l'électricité, tout comme l'énergie marémotrice ou comme celle des mers.

* L'énergie éolienne est à la source d'électricité intermittente, au gré des vents.

* L'énergie solaire directe *(dont le rayonnement, sur l'ensemble de la planète, équivaut à 10 000 fois notre*

consommation énergétique totale) permet la production de chaleur, mais aussi d'électricité grâce aux technologies photovoltaïques ou à miroirs.

* La géothermie, de surface avec les pompes à chaleur, ou profonde grâce à des forages, permet de produire majoritairement de la chaleur.

* La biomasse agricole et forestière enfin, comme les biodéchets, fournit à la base des molécules hydrocarbonées issues de la photosynthèse. Ce sont les seules sources d'énergies renouvelables qui soient capables de remplacer directement des hydrocarbures *(carburants, gaz, chaleur...),* y compris dans la chimie. Et ces molécules hydrocarbonées peuvent aussi générer des matériaux.

Mais il est certain que, toutes économies confondues et toutes énergies alternatives rassemblées, il serait impossible de faire face à une pénurie pétrolière majeure et brutale, et ceci, même avec l'appui de la bioéconomie.

Rien ne sert de courir...

Les biocarburants et l'économie du « carbone vert »

Les biocarburants liquides sont aujourd'hui le seul moyen tangible d'introduire en masse du carburant « renouvelable bas-carbone » dans les transports routiers *(avec, à terme, aussi, la possibilité de substituer partiellement les kérosènes aéronautiques).* Ces biocarburants représentent aujourd'hui, en valeur énergétique, 7,5 % des carburants utilisés en France. Ils constituent, depuis une directive européenne de 2009, la seule filière économique au monde qui puisse être certifiée durable.

Les biocarburants dits de « première génération » *(bioéthanol et biodiesel d'origine agricole)* resteront incontournables dans les années à venir aux côtés des futurs **biocarburants dits de « deuxième génération »** *(qui seront élaborés à base de sous-produits du bois et de lignocellulose)* qui n'en sont encore, pour l'instant, qu'au stade pilote de production.

On doit enfin souligner la production et la distribution possibles, mais quantitativement modestes, de biocarburants gazeux *(biométhane)* obtenus par la méthanisation de biodéchets. Ce biométhane carburant est souvent dédié à l'alimentation de flottes de transport captives *(collectivités, entreprises...)*

Le rendement énergie-carbone net de la filière biodiesel « de la graine à l'essieu » est de 300 % *(alors que ce même rendement n'est que de 80 % pour le gazole pétrolier).* Ses émissions nettes de gaz à effet de serre (GES) sont, d'ailleurs, trois fois plus faibles que celles du gazole !

Quant au rendement énergie-carbone net de la filière bioéthanol « de la graine à l'essieu », il est de 200 % *(contre un rendement de 90 % seulement pour l'essence pétrolière).* En outre, ses émissions nettes de gaz à effet de serre sont deux fois et demie plus faibles que celles de l'essence.

Il semblerait enfin que ces performances puissent être encore meilleures pour le futur bioéthanol de deuxième génération issu de lignocellulose, lorsqu'il sera industrialisé ! L'Union européenne prévoit ainsi, pour la France, au-delà de 2030, la production de 400 000 t/an de bioéthanol de deuxième génération. Ceci correspondrait à la consommation de 1,5 Mt de résidus de bois par an, en complément de l'approvisionnement des industries de la trituration !

Le biogaz et l'industrie

En croissance régulière depuis plusieurs années, les énergies renouvelables (ENR) représentent plus de 19 % de la consommation finale d'énergie en France (NB : N*ous importons plus de 98 % du pétrole et du gaz que nous consommons*). Ces ENR sont, dans l'Hexagone, à l'origine de 10 Md€ d'investissements annuels et de 80 000 emplois. Elles regroupent une dizaine de filières. Le bois-énergie (*35 % de la production totale des ENR, y compris avec la valorisation des liqueurs noires dans la filière « pâte à papier »*) et l'hydraulique (*16 %*) restent les plus traditionnels et les plus développés. Mais l'éolien et les biocarburants (moins de *10 % pour chaque filière*) sont aussi les ENR qui ont le plus progressé ces dernières années avec, notamment, le « biogaz-méthanisation » *(4,5 %).*

La méthanisation est un exemple singulier de source d'énergie durable. Elle permet de traiter les déchets organiques au sens large par fermentation anaérobie en produisant du gaz *(le méthane surtout – CH_4 –, mais aussi le CO_2)*, potentiellement transformable en chaleur, en bioélectricité et en biocarburant gazeux, le tout avec une coproduction de digestat (*amendement organique*). Les stratégies de développement de la production de biogaz doivent cependant faire face à la difficulté de relever à la fois de politiques énergétiques, environnementales et agricoles, toutes complexes et interdépendantes... En outre, les investissements dans les méthaniseurs sont délicats à gérer et difficiles à rentabiliser. Ils justifient donc, en général, des soutiens énergétiques (*tarifs spécifiques*) et territoriaux (*aides à l'investissement*).

Si on pense, spontanément, d'abord à la méthanisation des effluents d'élevage et au biogaz d'origine agricole, il faut savoir que les fumiers et les lisiers, qui sont certes de véritables « levures » pour amorcer le process de méthanisation, sont, en fait, très peu méthanogènes (*dix fois moins, par exemple, que des résidus végétaux ou des effluents organiques*). Pour soutenir la méthanisation agricole, il faut donc obligatoirement en compléter le substrat par un apport en ressources carbonées (*végétaux, corps gras, boues, etc.)*.

Ce sont en réalité les filières de méthanisation issues des biodéchets et des effluents industriels agroalimentaires et papetiers *(~ 20 Mt d'effluents par an)* qui tiennent « le haut du pavé » pour alimenter les marchés du biogaz. La méthanisation est en effet une solution territoriale et de dépollution puissante, bien adaptée au traitement des biodéchets et des rejets industriels à l'aval de sites transformant les matières organiques (*dont les unités de pâte et papier et les entreprises de l'agro-industrie principalement).*

Pourtant, le biogaz au sens large, même en croissance – avec ses 1 600 installations de production et ses 10 000 emplois recensés en France – ne représente toujours qu'un poids énergétique limité (*cf. supra : 4,5 % des ENR*).

Et ce sont encore les terres agricoles qui constituent le débouché ultime incontournable des process de méthanisation, à travers la valorisation agronomique des digestats (*épandage, amendements organiques...*), toujours plus indispensable à une gestion durable des terres.

Les industries produisant des biodéchets ou des effluents organiques ont été les premières à avoir développé l'utilisation de la méthanisation pour traiter leurs rejets. C'est donc dans l'agro-industrie d'abord que se trouvent aujourd'hui le plus de méthaniseurs industriels opérationnels, ainsi qu'à l'aval des sites papetiers ou « pâteux » pour traiter et valoriser les

« boues et les eaux cellulosiques ». En France, plus de 4 Mt de biodéchets y sont ainsi valorisées chaque année. Pour y parvenir, 113 installations industrielles au total sont d'ores et déjà opérationnelles. Elles sont dédiées, pour l'essentiel (*95 d'entre elles*), à la production de chaleur « bas-carbone », réinjectée dans les process et les chaudières de ces entreprises. Leur implantation se situe majoritairement dans les Hauts-de-France, en Nouvelle-Aquitaine et en Occitanie. Ces installations contribuent ainsi à renforcer la part considérable de production de chaleur renouvelable dans la filière « Pâtes-Papiers » française, qui n'a cessé d'augmenter depuis 15 ans, passant de 49 % en 2005 à 63 % en 2020.

La méthanisation sur site industriel, avec un objectif de dépollution *(par exemple, dans les laiteries, fromageries, brasseries, papeteries, stations urbaines de boues et de déchets, etc.)*, implique, le plus souvent, de grosses puissances énergétiques, généralement deux fois plus fortes que dans la méthanisation rurale. En parallèle, l'opérateur peut aussi raisonner son investissement en termes de coûts de traitement des effluents évités. D'où un « business model » généralement plus « professionnel » et plus performant que pour les méthaniseurs agricoles. Dès lors, une entreprise « major » de l'énergie s'intéressant au biogaz ou un industriel aura intérêt, le plus souvent, à investir dans des méthaniseurs couplés aux sites industriels existants et pouvant valoriser sur place, en chaudières, le biogaz produit.

Si de plus en plus d'industriels dans l'agro-industrie et dans la filière « Pâtes-Papiers » se tournent d'ailleurs vers la méthanisation, c'est qu'elle permet, comme nous l'avons vu, outre un traitement efficace des effluents organiques, de réduire les coûts de dépollution, de diversifier les activités d'un site et d'en améliorer significativement le bilan carbone *(ex. : les émissions de CO_2 de l'industrie papetière en France ont été divisées par plus de deux au cours des dix dernières années).*

Malheureusement, on doit reconnaître que le coût de production du biogaz épuré reste toujours plus élevé que celui du gaz naturel fossile, même si le biogaz gagne en compétitivité et s'il bénéficie notamment des aléas géopolitiques qui pèsent sur le prix des hydrocarbures. L'industrie papetière française n'a cependant pas été en reste ces dernières années, en impliquant dans des investissements lourds de méthanisation des groupes industriels parmi les plus connus comme Smurfit, Norske Skog Golbey, Sical *(groupe Rossmann)* ou Saica Paper.

Les biodéchets en valeur

Les biodéchets et les résidus organiques, avec les effluents d'élevage, les pailles et les cendres, pèsent, en France, pour près de 300 millions de tonnes brutes par an, c'est-à-dire plus de 5 t/habitant chaque année. Environ un tiers de ce gisement semble potentiellement accessible pour alimenter des filières de compostage et de méthanisation.

Les vrais défis à relever sont, d'abord, celui de leur bonne gestion « à la source », puis celui de leur valorisation « positive » *(recyclage, agronomie, énergie...)*, le tout dans une logique bioéconomique.

Quelques chiffres en exemples :

- **Les effluents agricoles représentent une quantité de 50 Mt exprimée en matière sèche** *(l'essentiel étant épandu ou valorisé en agronomie ou en énergie sous forme de fumiers, lisiers et litières).*

- **Les biodéchets « urbains » sont évalués à plus de 10 Mt/an, dont la collecte sélective et le compostage sont en pleine croissance.**

- **Les effluents, déchets et sous-produits organiques industriels représentent bien plus de 50 Mt/an, dont 80 % proviennent des secteurs agroalimentaires et papetiers.**

Ces résidus organiques sont donc soit recyclés *(par exemple, dans la filière bois)*, soit épandus en agriculture *(en tant que biodéchets, avec un impact positif sur l'équilibre des sols et sur leur stockage de carbone)*, soit valorisés énergétiquement *(par méthanisation)*, soit valorisés, enfin, comme fertilisants organiques ou organo-minéraux normalisés. Une part encore importante est néanmoins toujours détruite *(incinération)* ou enfouie *(centres de stockage de déchets)*.

Quant aux cendres de bio-combustion, elles sont, pour la plupart, épandues ou mélangées à des composts qu'elles bonifient. Elles représentent probablement 300 000 à 400 000 t/an, chiffres en croissance avec le développement du bois énergie en collectif et dans l'industrie.

« L'or brun » de la bioéconomie !

Il n'y a pas que les hommes et les animaux qu'il faille alimenter. Il faut aussi nourrir les plantes et pour cela, à la base, il faut d'abord « nourrir la terre » pour préserver les sols. Sans eux, pas de plantes, et sans plantes, pas d'animaux... ni d'hommes !

Tel un torchis, le sol est composé de sable, de limon et d'argile qui sont solidarisés par un « ciment » organique vivant, l'humus : c'est ce que l'on nomme le « complexe argilo-humique ». À la fois éponge et liant, cette armature humique structure et « tient » la terre ! Alors, pour maintenir dans le sol un tel tissu organique en suffisance, sans lequel nos terres ne seraient que des « passoires » stériles, il faut, outre des engrais *(qui nourrissent les plantes),* prévoir de quoi « nourrir également la terre ». Cela veut dire qu'il faut lui apporter régulièrement du soin sous forme d'amendements organiques comme les fumiers, les digestats de méthanisation, les boues d'épandage et les composts. Ce sont des « fumures de fond » au sens agronomique du terme. Outre ces effluents agricoles, qui restent très largement majoritaires à venir ainsi « fumer » les terres, rappelons aussi que notre société doit gérer et traiter annuellement des dizaines de millions de tonnes brutes de biodéchets organiques d'origines urbaine et industrielle. Ce sont nos déchets *(boues d'épandage, effluents d'épuration, déchets verts et composts urbains),* et leur retour à la terre referme le cycle de vie organique le plus vertueusement. Il faut enfin, parallèlement, réenfouir dans le sol, lors des labours, suffisamment de pailles ou de rafles non destinées à être récoltées pour l'élevage ou pour la production d'énergie.

La terre est vraiment gourmande, et elle le vaut bien !

Souvenons-nous d'ailleurs que la quantité de carbone *(« carbone vert » en l'occurrence...)* qui se trouve séquestrée dans les sols dépend directement de la plus ou moins grande richesse organique des terres. Ce stock de carbone organique des sols constitue d'ailleurs un véritable « matelas anti-effet de serre » agronomique, et ce qui est bon pour la terre l'est donc aussi pour le climat !

L'agriculture n'est donc pas un exercice simple, ni une science exacte. La pratique des apports de matière organique dans les sols remonte à la nuit des temps, à travers les anciennes fumures, les jachères et jusqu'à l'épandage des « gadoues » urbaines d'autrefois que relaie aujourd'hui celui des boues d'épuration, des digestats, des algues, des fumiers et des lisiers d'élevage. L'apport de matières organiques aux sols de culture s'avère toujours aussi indispensable, quelle que soit la modernisation des techniques agricoles... et quelle que puissent être malheureusement les humeurs ignorantes de certains riverains qui s'opposent égoïstement à l'exercice de ce « devoir d'épandage des paysans »... !

Oui, les biodéchets et les sous-produits organiques, aussi peu attractifs soient-ils, doivent bien être considérés comme de « l'or brun » pour nos terres de culture. Sans eux, nos assiettes, pourraient bien un jour rester vides... et sans eux, la « moléculture », qui fonde la chimie du végétal, resterait peut-être un mythe !

L’alchimie du végétal...

« Il était une fois, bien avant l’ère chrétienne, un petit village romain dans lequel les habitants se vouaient aux sacrifices rituels d’animaux au sommet d’un mont nommé ***Sapo****. Sur le lieu de ce rituel sacré s’accumulaient et se mélangeaient au sol des graisses animales fondues et des cendres de bois qui, les jours de pluie, s’écoulaient, ruisselaient... D’année en année, ces résidus rejoignaient les eaux du Tibre qui serpentait au pied de cette colline. À ces eaux, miraculeusement moussantes et savonneuses, les riverains associèrent très vite des vertus nettoyantes... » (Suzanne Chénard)*

Cette belle histoire de la « découverte » supposée du savon, et de la « sapo...nification », aurait bien pu être aussi celle de la naissance de la chimie du végétal. Mais en réalité, il faut savoir que le savon et bien d’autres produits détergents et émulsifiants avaient déjà été découverts et utilisés 2 000 ans plus tôt en Mésopotamie puis en Égypte. Qu’importe, l’histoire du mont **Sapo** est si belle ! En tout cas, elle nous interpelle : Et si le végétal pouvait devenir, ou redevenir, la nouvelle source de carbone de la chimie ?

Jusqu’à l’avènement du pétrole, au début du XXe siècle, notre civilisation était « renouvelable » et essentiellement durable, enracinée dans la terre. Mais dans quarante ou cinquante ans, peut-être soixante tout au plus, le pétrole comme le gaz ne seront plus que le souvenir d’une parenthèse, bien courte, de notre histoire. C’est donc dès aujourd’hui qu’il faut réapprendre la sobriété et qu’il faut maîtriser des alternatives crédibles au « moteur » pétrolier de notre développement, lequel est sur le point de s’essouffler. La biomasse est l'une de ces rares alternatives, hydrocarbonée, vertueuse, flexible, intelligente, renouvelable. Mais les bioressources sont aussi limitées, bien sûr, face à neuf ou dix milliards de terriens consommateurs en puissance... parce que les terres sont limitées et parce qu'il faut aussi se nourrir ! La gestion des bioressources apparaît alors comme un exercice vertueux d'intelligence et de bon sens.

Consacrer des bioressources à la production d'énergie renouvelable, c'est malheureusement les détruire, utilement certes, mais irrémédiablement. Les consommer comme aliments, c'est également les détruire, mais c'est incontournable si l'on veut assurer notre propre énergie vitale ! Orienter par contre des bioressources vers la production de matériaux ou de bases chimiques utiles, c'est les valoriser tout en mettant leurs molécules constitutives « en réserve »... et en stockant du carbone. C'est aussi permettre leur éventuel recyclage ultérieur et c'est enfin, en « bonus », autoriser leur transformation ultime en énergie, en fin de vie, transformation énergétique elle aussi renouvelable.

L'enjeu des biomatériaux et des biomolécules, de *la « moléculture à la chimie du végétal »*, n'est donc pas aussi anodin qu'il peut paraître dans les bilans de la bioéconomie et de la transition « climat-énergie ».

Même si nos politiques et les discours en vigueur sont pour l'essentiel « énergétiques », la chimie du végétal peut aussi participer à cette nouvelle croissance, avec les filières des biomatériaux, surtout en France d'ailleurs, premier pays agricole et deuxième pays « chimique » d'Europe.

Ainsi, si la chimie française est d'ores et déjà « nourrie » au végétal pour 10 à 11 % de ses matières premières, elle devrait et pourrait l'être à hauteur de 15 à 20 % vers 2030 ou 2040, et bien plus encore au-delà. Il suffirait peut-être que l'on ajoute en Europe, avec bon sens, aux côtés des objectifs de la transition énergétique, quelques signaux moteurs pour la chimie du « carbone vert ».

IV

La question du bas-carbone

– La filière forêt-bois-fibres, bas-carbone par nature

– Bois et « carbone vert »

– Substituer le carbone noir

– Stratégie durable d'entreprise et compensation carbone

– Qu'en est-il en réalité ?...

La filière bois-fibres, bas-carbone par nature

C'est décidément paradoxal ! Le carbone, que piège la photosynthèse et que nous réémettons dans l'atmosphère sous forme de CO_2, a une existence politique, un poids économique croissant et une influence stratégique pesante dans la société en tant que ressort de la dérive climatique... On assigne dès lors à nos activités et à nos organisations des objectifs de bilans dits « bas-carbone » ou « zéro-carbone » pour les décennies à venir, pendant que l'on voit surgir, parallèlement, ces mêmes concepts dans des feuilles de route d'entreprises.

Pourtant, et bien que la forêt française absorbe vertueusement 4 tonnes de CO_2 chaque seconde, qui sont stockées ensuite dans les produits de la filière « bois-fibres », en neutralisant ainsi le tiers des émissions françaises de gaz à effet de serre, les « gens du bois » et de la cellulose ne retirent finalement aucun bénéfice de l'extraordinaire « pompe à carbone » qu'ils activent ainsi grâce à la sylviculture et grâce aux métiers du bois et de la fibre, avec leurs effets régulateurs puissants du climat !

Personne ne conteste pourtant le fait que la forêt absorbe et stocke massivement le carbone atmosphérique, à raison de 1 t de CO_2 par mètre cube de bois. Mais en face, il n'y a toujours rien pour « récompenser » la filière « Forêt-Bois-Fibres » de cette performance unique !

En réalité, trois niveaux seraient nécessaires à la reconnaissance du rôle stratégique que jouent la forêt et les filières du bois-fibres face au défi climatique :

D'abord, puisque le bois a une valeur carbone intrinsèque, il faudrait systématiquement tenir compte de cette valeur dans les arbitrages politiques, les évaluations et les ACV *(Analyses de cycle de vie)* ;

Ensuite, il serait impératif de faire connaître cette valeur-carbone aux consommateurs : un label, une allégation certifiée devraient affirmer en effet, sur chaque produit en bois, son contenu spécifique en carbone ;

Enfin, le temps devrait venir de « solder les comptes » et de donner une valeur marchande à toutes ces externalités socio-économiques positives propres à la bioéconomie de la filière forêt-bois.

Disons-le, la cause est légitime et la bataille du climat ne peut pas être gagnée sans une filière « Forêt-Bois-Fibres », elle-même gagnante !

Bois et « carbone vert » !

Le débat forestier international s'est souvent concentré, malheureusement, sur la seule lutte contre la déforestation tropicale et, plus généralement, sur les questions de biodiversité et de puits de carbone en forêt. Cependant, au début des années 2000, la notion de « gestion forestière efficace » a timidement fait son apparition dans les débats. Pour autant, cette notion n'était pas encore clairement associée aux objectifs globaux d'une « économie verte durable et productive », riche en emplois et mère d'une filière bois-fibres vertueuse. Cette carence réduisait encore le rôle des forêts à une fonction écologique étroite, minimisant l'économie durable du bois-fibres qui en dépend à l'aval !

Or, le rôle joué par les forêts pour lutter contre l'effet de serre réside bien davantage, *in fine*, quantitativement et dans le temps, dans la pérennisation du carbone stocké par la production économique à l'aval de bois d'œuvre, de bois-fibres et de xylochimie.

Le bois est en effet le premier matériau de « l'économie verte » dans le monde. Certes, la « pompe à carbone » photosynthétique œuvre d'abord dans les forêts avant de se « durabiliser » dans le bois et les « bioproduits ». Mais le seul stockage forestier de bio-carbone a ses limites, qui sont de deux types :

– Le stockage de carbone forestier est d'abord limité dans le temps et géographiquement *(on ne peut pas stocker plus d'une certaine quantité de bois par hectare de forêt).* Une forêt inexploitée ou sous-exploitée (*y compris en zone tropicale*), ou *a fortiori* vieillissante, entre vite par ailleurs en phase de stockage de carbone ralenti, puis en phase d'absorption nulle *(voire négative).* Le stockage forestier *(puits de carbone)* est toujours en outre réversible *(une forêt peut être défrichée ou brûlée).*

– Inversement, la substitution de matériaux fossiles et minéraux, ou de carburants fossiles par du bois ou de la cellulose a un effet très puissant en termes d'économie d'émissions de CO_2 et cet effet est quasiment illimité dans le temps. Enfin, une tonne de carbone substituée, non rejetée dans l'atmosphère, est une « pollution évitée » durablement acquise et irréversible.

La recherche d'un stockage « maximum » de carbone « sur pied » en forêt (*avec, par exemple, l'illusion du bénéfice d'un sur-grossissement des arbres qui conduit certains forestiers à allonger à l'excès à tort les rotations sylvicoles*) ne devrait donc surtout pas se faire par l'adoption d'une « écologie déviante de la sylviculture », au détriment de la production efficace de produits du bois industriels et durables à l'aval, dans la filière bois-fibres.

Le Canadian Journal of Forest Research démontrait ainsi, vers 2010, que dans le cas de forêts gérées *(et exploitées)* efficacement et durablement, et plutôt que d'allonger les cycles de sylviculture, il convenait de privilégier clairement l'objectif de substitution de produits et de carbone, c'est-à-dire la valorisation optimale de la production de bois-fibres en aval *(en remplacement de matériaux ou combustibles fossiles).*

L'augmentation du stockage « sur pied » en forêt ne devait alors être recherchée que si ce stock accumulé ne nuisait pas à la productivité ou au renouvellement des forêts, ni à leur production économique de « puits de carbone » dans les produits de la filière. La valorisation durable des produits-bois-fibres à l'aval prime donc bien, en résumé, sur le seul stockage excessif de carbone en forêt.

Sous les tropiques, enfin, si la lutte contre la déforestation « sauvage » est bien entendu nécessaire, l'idée pernicieuse de limiter le déstockage de carbone ne doit surtout pas freiner ou empêcher une exploitation forestière commerciale, qui est bien plus favorable au climat et au développement durable qu'une « mise sous cloche » illusoire et irréfléchie de la forêt tropicale, pseudo-poumon de la planète ! *(NB : la protection excessive et stérile des forêts tropicales ouvre souvent la voie, malheureusement, à des risques réels de défrichement, faute de donner à la forêt ainsi « protégée » une valeur sociale et économique qui puisse être attractive pour les populations autochtones).*

Substituer le carbone noir

L'agriculture, l'aquaculture, l'agro-industrie et les biodéchets participent tous, aujourd'hui, à la transformation intelligente de l'énergie du soleil en molécules hydrocarbonées, stockables et renouvelables. Beaucoup sont à la base de notre alimentation, mais toutes sont également la source de matériaux ou de polymères qui sont, en outre, des réserves d'énergie et qui constituent parallèlement des « puits » de carbone. La bioéconomie remplace ainsi les produits du « carbone noir » fossile, par ceux du « carbone vert » organique et renouvelable. Certes, la production, la récolte et la transformation de tous ces « bioproduits » consomment, elles aussi, un peu d'énergie, mais avec généralement une très grande sobriété et des écobilans remarquables par comparaison avec ceux des filières traditionnelles et énergivores de l'ère industrielle. Et, dans le même temps, ces productions « des champs », comme celles « des bois », sont effectivement des « pompes à carbone atmosphérique » naturelles grâce à la photosynthèse. Ce sont les seules dans ce cas sur la planète, avec les coraux des océans.

Les biofilières fonctionnent en effet comme de véritables « amortisseurs à CO_2 » et comme des remparts contre la dérive climatique de notre planète. Dès lors, les activités des champs, des bois et des biodéchets présentent des bilans globaux flatteurs en termes d'énergie-carbone, comme en termes d'effet de serre, bilans désormais reconnus comme tels par les spécialistes, mais pour autant encore largement ignorés dans l'opinion ! Ceci explique notamment, pour 2030 et au-delà, les ambitions majeures qui sont celles de la France en termes de « carbone vert », face à la raréfaction des ressources fossiles et aux dangers de la dérive climatique. Elles impliquent majoritairement le développement de l'économie du biosourcé !

Le recours à la biomasse et à la « bioéconomie », qui a fondé la civilisation humaine, est donc redevenu effectif pour nombre d'entreprises et de professions depuis une trentaine d'années. La biomasse assure en effet, rappelons-le, plus de 7 % des approvisionnements actuels des industries des matériaux, de la chimie et de l'énergie, alors que nos engagements internationaux en énergie-carbone viseraient à porter ces contributions à plus de 20 % vers le milieu du siècle ! Bien entendu, de tels enjeux ne sont pas sans contraintes, ni sans obligations. Ils nous imposent de rechercher partout une production soutenue ainsi qu'une mobilisation efficace et durable de toutes les sources de biomasse et de biodéchets. Ils impliquent notamment une gestion productive et raisonnée des terres et des forêts. Ils exigent enfin que des règles de gouvernance soient élaborées pour qu'une allocation équilibrée de toutes les bioressources reste possible, par synergie, entre toutes les biofilières et entre les marchés utilisateurs, particulièrement à l'égard des besoins de l'alimentation humaine.

Stratégie durable d'entreprise et compensation carbone !

Considérons une entreprise industrielle qui, pour accompagner ses objectifs de compétitivité, choisit de s'engager dans une démarche de type RSE *(Responsabilité sociale et environnementale),* ou qui vise à élaborer une stratégie intégrée de développement durable (*y compris en mettant en œuvre des pratiques de Lean Management*). Cette entreprise va se trouver confrontée à la nécessité de procéder, simultanément, à une évaluation « énergie-carbone » de ses activités actuelles et de ses projets. Et une telle évaluation « énergie-carbone » fera partie intégrante de son « master plan » global. C'est ce « master plan » qui fera d'ailleurs référence pour asseoir sa communication auprès de ses clients, de ses actionnaires, de son personnel, de ses partenaires territoriaux et des médias.

Or, dans le contexte actuel où les émissions de carbone *(CO_2)* sont mises à l'index, une telle entreprise risque fréquemment de subir des « pressions », directes ou indirectes, pour l'inciter notamment à investir dans ce que l'on nomme de la « compensation-carbone » *(cf. ci-après)*, en affichant même parfois, pour ses activités futures, un « objectif mythique de neutralité carbone » ! On a vu cette tendance affecter la communication de plusieurs entreprises françaises réputées, dans le BTP, par exemple, l'aviation, le luxe, l'agroalimentaire et même dans l'énergie. L'administration française elle-même semble plébisciter ces démarches puisqu'elle a récemment institué un « label bas-carbone » qui s'en inspire !

Mais de quelles « compensations » s'agit-il donc ?

La « compensation carbone » consiste, pour un opérateur donné, à tenter de contrebalancer tout ou partie de ses propres émissions de CO_2 en finançant, ailleurs, ou dans d'autres domaines d'activité que les siens, des projets qui puissent engendrer des réductions nettes d'émissions de gaz à effet de serre (GES), ou qui puissent être à l'origine d'une séquestration additionnelle plus ou moins durable de carbone. Sur le principe, à première vue, cette « compensation carbone » est donc une démarche vertueuse. Mais ce qui la motive nous interpelle, et peut susciter le doute, tout comme la « promotion » insistante dont elle fait l'objet auprès des entreprises !

Qu'en est-il en réalité ?...

Une entreprise industrielle, engagée dans sa démarche de RSE/Développement durable *(économie + société + environnement),* doit établir initialement un « bilan carbone » de qualité. Ce bilan doit être certifié pour quantifier ses activités actuelles et prévisibles. *(NB : ce bilan carbone, qui suppose une évaluation très complexe, doit d'ailleurs être logiquement couplé à un bilan énergétique).*

Un tel bilan carbone doit, en outre, être assorti d'analyses de sensibilité. *Exemples : calcul des améliorations – ou des dégradations – possibles pouvant affecter le bilan carbone global de l'entreprise, selon la sobriété et l'efficacité énergétique de ses procédés actuels et futurs, selon la génération possible d'énergies renouvelables sur le site et selon la quantité de carbone stockée et à stocker dans les infrastructures bois-fibres de l'entreprise et dans les bioproduits qu'elle fabrique et commercialise – en y comptabilisant la durée de ce stockage.* Les filières du bois-fibres-papiers-cartons réunissent d'ailleurs, à titre d'exemple, dans la plupart de leurs entreprises industrielles, un bilan naturel à « énergie positive » et à « bilan carbone positif ».

Si l'entreprise veut optimiser son bilan carbone *(tout en mettant en valeur parallèlement et en synergie tous les autres éléments d'externalités et de RSE),* elle doit procéder logiquement :

• En évaluant tout d'abord ce qui, dans son activité, peut être amélioré en ce qui concerne ses émissions propres de CO_2, par exemple, grâce à des choix différents de process ou d'organisation *(exemples : sobriété des procédés, production de renouvelables, stockage accru de carbone, Lean Management, optimisation logistique, etc.).*

• En n'envisageant qu'en dernier lieu, en revanche, de compenser tout ou partie de ses émissions de CO_2 grâce au « financement » de projets externes réputés « vertueux » et efficients en termes de bilan carbone *(compensation carbone volontaire ; cf. ci-après).* Car attention ! En effet, l'abus de telles « compensations carbone » peut aboutir à les faire considérer, *in fine,* comme de simples « alibis », voire comme des « indulgences » destinées à permettre, avant tout, à certaines entreprises de « communiquer plus vert » à peu de frais *(greenwashing).* Ce doute vaut en particulier dans le cas des « compensations carbone », devenues très « à la mode » et qui sont proposées aux entreprises sous la forme de plantations d'arbres...

Présentons alors quelques éléments qui plaident pour un « moderato » dans le développement du recours à la compensation carbone pour une entreprise

Nul n'a jamais établi d'abord qu'une « compensation » carbone quelconque doive contrebalancer à hauteur de 100 % des excès éventuels d'émissions de CO_2 *(pour prétendre aboutir à une quelconque « neutralité carbone »).* À titre de référence, la planète Terre elle-même ne « compense » que... 40 % environ des émissions mondiales de GES *(N.B. Les émissions planétaires globales de GES sont d'environ 8 milliards de tonnes de carbone/an, alors que, simultanément, la réabsorption-« compensation » durable du carbone par toute l'écosphère terrestre – océans, végétaux, sols – n'est que de 3 milliards de tonnes de carbone par an environ).*

a) Un « excès » de flux de carbone/CO_2 émis par une entreprise ne peut pas être compensé en pratique, quoi que certains disent, par le « financement » de stocks de carbone supplémentaires qui seraient absorbés ou séquestrés en forêt.

En effet, la comptabilisation du « carbone-flux » *(émissions)* n'a aucune commune mesure, ni aucune valeur comparative, avec celle du « carbone-stock » *(absorption-séquestration).* Cette dernière est en effet bien plus complexe, avec une dimension temporelle essentielle et un effet cumulatif de l'absorption photosynthétique annuelle. Une tonne de CO_2 absorbée/stockée ne vaut donc pas, et ne vaudra jamais, une tonne de CO_2 évitée.

NB : c'est pourtant ce type de « compensation carbone vert », par la plantation d'arbres, que proposent explicitement la plupart des nombreuses officines qui sont apparues sur ce marché ! Qui plus est, les plantations qui sont mises en avant et proposées par ces officines sont le plus souvent feuillues (car soi-disant plus « écolo-présentables »). Or, si compensation « forestière » il doit y avoir, ce seraient au minimum des plantations résineuses ou de peupliers qui devraient être proposées par ces officines, puisque ces peuplements absorbent et séquestrent 3 à 4 fois plus de CO_2 par hectare que les forêts feuillues. Et c'est, en outre, en bois résineux que notre marché est largement déficitaire en France, et donc demandeur, en particulier pour la construction.

c) Le carbone, comme nous l'avons vu précédemment, n'est pas, et de loin, le seul « étendard » du développement durable. Un projet d'entreprise affichant un bilan médiocre au titre de ses émissions de CO_2, par exemple, mais créant par ailleurs des emplois, ou maîtrisant mieux ses risques industriels, peut revendiquer d'être tout aussi « vertueusement durable », sans pour autant qu'une quelconque « compensation-carbone » ne s'impose à l'entreprise.

C'est en cela, rappelons-le, que les enjeux du développement durable ne se réduisent pas aux seules questions environnementales, ni, *a fortiori*, aux seules performances carbone

d) Au-delà du savoir-faire de l'entreprise, son « faire-savoir » *(communication)* est essentiel auprès des actionnaires, des clients, du personnel, des acteurs du territoire et des médias... Et ce « faire-savoir » doit s'appuyer sur de la sensibilisation, de l'information et de la compréhension, le tout étant fondé sur des bilans sérieux et sur des analyses d'impacts multiples, économiques, sociales et environnementales. Malheureusement, notre société des spécialités, de « l'instantané », de la « polémique » et des réseaux sociaux ne nous prédispose plus guère à une telle attention systémique.

Pourtant...

Pourtant, en effet, voir loin et voir large, avec recul et bon sens, est probablement la meilleure option pour aborder une véritable stratégie durable dans l'entreprise, de même que dans notre société de manière générale. Pour une telle stratégie, les enjeux du climat et du carbone, aussi fondamentaux soient-ils, ne sont pas les seuls qui vaillent, il faut le rappeler ! Et la « compensation carbone », trop souvent mise en avant, ne doit être considérée ni comme une panacée, ni comme un alibi, ni, *a fortiori,* comme une quelconque « indulgence » !

Postface

Vous avez dit durable ?

Le 29 mai 1346, Philippe VI de Valois édictait la première réglementation forestière connue, qui prescrivait que « *lesdites forez se puissent perpétuellement soustenir en bon estat* ». Et cette politique fit le lit du concept de « développement durable », à la confluence des préoccupations économiques, sociales et environnementales.

Et pourtant, que de contre-exemples où le « bon sens » ne fut pas respecté !

Connaissez-vous, par exemple, le mystère de l'île de Pâques ? L'origine du déclin des civilisations sumérienne et grecque ? L'île fantôme d'Hashima au Japon ?

– L'île d'Hashima est grande comme à peine dix terrains de football. Elle fut exploitée par les Japonais, dès 1890, pour son gisement de houille. On y trouvait, réunis dans un mouchoir de poche, de quoi travailler, dormir et consommer en quasi-autarcie. La population d'Hashima dépassa 130 000 habitants au kilomètre carré dans les années 1950. Les structures de vie y étaient aussi denses et verticales que celles de Manhattan !

Or, dès 1960, le Japon choisit de privilégier ses importations énergétiques. La mine d'Hashima ferma !

L'île fut alors abandonnée dès 1973, puis interdite d'accès, en laissant l'héritage d'un site cauchemardesque, digne du roman *Ravage* de Barjavel.

– 2 700 ans plus tôt, la civilisation grecque succéda à l'une des sociétés les plus étonnantes du passé : l'Empire sumérien. Ce peuple vivait il y a près de 6 000 ans en Mésopotamie. Ayant fondé leur développement sur l'agriculture et le commerce, avec une dévotion sans limites aux dieux, les Sumériens étaient convaincus du caractère dominant de leur société, en pleine expansion démographique.

S'enrichissant, s'urbanisant, ils eurent besoin de plus de viande et de plus de bois. Dans l'*Épopée de Gilgamesh*, leur Roi, qui est le plus ancien témoignage écrit de l'humanité, il est dit que 90 % des cèdres du Liban furent ainsi exploités en un millier d'années ! Dans le même temps, le pâturage s'accrut et l'érosion s'amplifia, laissant en quelques siècles une « terre brûlée ».

Ce fut pourtant ce même modèle de « dérapage incontrôlé » que les Sumériens exportèrent chez les Grecs, qui reproduisirent à leur apogée les mêmes excès : trop de démographie, trop d'enrichissement, trop de pâturage et trop d'exploitation forestière !

La barrière antiérosive des forêts et de la végétation se fragilisa, entraînant l'envasement des ports grecs et l'asphyxie de cette civilisation brillante. Et Platon écrivit : « *Ce qui subsiste de la Grèce n'est plus que le squelette d'un homme malade où toute la terre fertile a disparu...* ».

Les grands ports hellènes antiques sont presque tous en effet, aujourd'hui, des sites « fossiles » terrestres ensablés, reclus à plus de cinquante kilomètres à l'intérieur des terres.

– Et l'île de Pâques, enfin, à quatre mille kilomètres du Chili, n'abritait plus au XVIIIe siècle que quelques milliers d'indigènes misérables, en conflit permanent entre tribus.

Mais on y découvrit pourtant les preuves extraordinaires de leur ancienne civilisation, brillante et développée : plus de six cents statues monolithes de plus de six mètres, les moaï, dressées sur des plateformes aux alignements ésotériques !

Les Pascuans, qui furent plus de 7 000 habitants à leur apogée, avaient dû abattre, au cours des siècles, la totalité des arbres de l'île, pour satisfaire leurs multiples besoins et pour déplacer leurs énormes moaï. Le déboisement de l'île signifia, pour les habitants, l'extinction de toute vie sociale et des conflits de plus en plus fréquents dont les statues furent les victimes.

Il y a bien des leçons à tirer de ces trois exemples. La terre et les ressources qu'elle produit et qu'elle porte sont précieuses et stratégiques, tout comme l'est le pétrole, au crépuscule de son « troisième âge ».

Un vrai développement durable est alors aussi celui d'une bioéconomie raisonnée et ambitieuse, riche de ses filières du « carbone vert », avec une gestion et une utilisation responsable de ses ressources.

FIN

Table des matières

Structures éditoriales du groupe L'Harmattan

L'Harmattan Italie
Via degli Artisti, 15
10124 Torino
harmattan.italia@gmail.com

L'Harmattan Hongrie
Kossuth l. u. 14-16.
1053 Budapest
harmattan@harmattan.hu

L'Harmattan Sénégal
10 VDN SICAP AMITIE 3
BP 45034 Dakar-Fann
direction@senharmattan.com

L'Harmattan Cameroun
Tsinga/Derrière polyclinique FECAFOOT
BP 11486 Yaoundé
Jacques.koukam@harmattan.fr

L'Harmattan Burkina Faso
Villa 281, secteur 23 623, rue 14.32
Ouagadougou
zagbie@outlook.fr

L'Harmattan Guinée
Almamya, rue KA 028 OKB Agency
BP 3470 Conakry
harmattanguinee@yahoo.fr

L'Harmattan RDC
185, avenue Nyangwe
Commune de Lingwala – Kinshasa
matangilamusadila@yahoo.fr

L'Harmattan Congo
219, avenue Nelson Mandela
BP 2874 Brazzaville
deunovmikhael@gmail.com

L'Harmattan Mali
Immeuble Mgr Jean Marie Cissé
Aci Hamadallaye
BP 145 Bamako
syllaka@yahoo.fr

L'Harmattan Togo
Djidjole – Maison Amela
face EPP BATOME
02 BP 20680 Lomé
didieramela11@gmail.com

L'Harmattan Côte d'Ivoire
Résidence Karl – Cité des Arts
Abidjan-Cocody
03 BP 1588 Abidjan
harmattan.ivoire@gmail.com

L'Harmattan Bénin
Rue 604, (Immeuble à l'entrée
de la rue UCAO- Cite de Saint-Jean)
Cotonou
stepcorpus@gmail.com

Nos librairies en France

Librairie internationale
16, rue des Écoles
75005 Paris
librairie.internationale@harmattan.fr
01 40 46 79 11
www.librairieharmattan.com

Librairie des savoirs
21, rue des Écoles
75005 Paris
librairie.sh@harmattan.fr
01 46 34 13 71
www.librairieharmattansh.com

www.ingramcontent.com/pod-product-compliance
Lightning Source LLC
LaVergne TN
LVHW051405061026
849535LV00009B/3375